누구나
쉽고 재미있게

사고력 수학

노크

B2
(9~10세)

측정

이 책을 보시는 부모님들께

머리가 좋아야 수학을 잘 한다는 말이 있습니다. 또, 수학을 잘 못하는 아이는 아빠, 엄마의 머리를 물려받아서 그렇다는 등의 난데없는 유전자 논쟁이 벌어지기도 합니다. 하지만 많은 사람들의 일반적인 생각과는 달리 이는 근거없는 이야기입니다. 외국의 한 연구 기관에서 언어, 사회, 수학, 과학의 네 가지 분야 중 어떤 것이 아동의 선천적 재능에 영향을 받는지 조사한 연구 결과를 발표했는데 일반적인 예상과는 다르게 선천적 재능에 영향을 받는 순서는 사회, 언어, 과학, 수학 순이었습니다. 다시 말해, 수학은 여러 학문 분야 중 선천적인 재능보다는 후천적인 환경이나 교육자, 학습자의 노력에 가장 큰 영향을 받는 학문이라 볼 수 있습니다. 수학의 가장 기본이 되는 '수 영역'의 예를 들어 보겠습니다. 아이들이 수를 처음 접하는 시기의 차이는 있지만 실제 수에 대한 감각과 수를 다루는 연습은 생활 속에서의 체험이나 다양한 활동, 학습 속에서 이루어집니다. 즉, 수학의 가장 기본이 되는 수는 선천적으로 가진 재능과는 거의 연관이 없으며 자라나면서 어떤 환경에 놓이는지, 얼마나 많이 수를 생각할 수 있는 기회가 있는지, 나이에 맞는 올바른 학습을 만날 수 있는지에 좌우됩니다. 그러므로 아이의 수학적 발달에 문제가 있다면, 그 아이가 누구를 닮아서 그런지, 지능이 떨어지는지를 따질 것이 아니라 수학적 힘을 기를 수 있는 학습 환경을 어떻게 만들어줄 것인가를 고민해야 합니다.

국제영재교육연구소의 랜즐리 소장은 영재의 기준을 마련하기 위해 여러 연구를 시행한 결과, 영재의 공통적인 특징들을 발견하였습니다. 첫째는 115 이상의 지능지수(IQ), 둘째는 창의력(Creativity), 셋째는 동기적 요소라고 부르는 끈질긴 근성과 과제집착력이었습니다. 이들 세 가지 요소 역시 선천적으로 타고 나는 부분도 물론 있겠지만 대부분 후천적인 학습이나 교육 활동을 통해 기를 수 있는 능력이라는 데에 이의를 제기하기는 힘듭니다.

이처럼 수학적 능력은 후천적 학습 환경에 주로 좌우되며, 특히 어린 시절에는 그러한 경향이 더더욱 두드러집니다. 하지만 우리의 아이들을 둘러싼 수학적 환경을 다시 한 번 돌아봅시다. 초등학교를 들어가기 전부터 과도한 학습량과 무의미한 반복 활동, 이후의 수학 학습에 오히려 방해가 될 정도로 무리한 선행 학습 등의 환경은 아이의 수학적 힘을 길러주기보다는 수학에서 가장 중요한 창의적 사고력을 기를 수 있는 기회를 박탈함과 동시에 수학에 대한 흥미를 급속하게 떨어뜨리게 하여 수학으로 문제를 해결하려는 의지, 즉 수학적 동기를 스스로에게 부여하는 것을 불가능하게 만들어 버립니다. 중요한 것은 남들보다 먼저, 그리고 더 많이 수학적 지식을 머리 속에 주입하는 것이 아니라 태어나서부터 누구나 가지고 있는 수학에 대한 관심, 그리고 수학으로 생각하는 힘을 일깨워주는 것입니다.

수학을 잘할 수 있는 힘,

수학적 잠재력은 이미 여러분 아이들의 머릿 속에 줄곧 있어왔습니다. 단지 어떤 아이는 그것을 찾아내어 드러낼 수 있었고, 어떤 아이는 꼭꼭 숨긴 채 평생 드러나지 않을 뿐입니다. 이러한 수학적 잠재력에 대한 참신한 자극 - 생각을 두드리는 '노크'를 제안하려 합니다. '노크'는 수학적 지식과 스킬만을 무리하게 밀어넣지 않습니다. 왜 수학을 해야 하고, 어떻게 수학으로 가능한지 끊임없이 스스로 생각하게하는 계기로서의 활동이 되려 합니다. 일상으로부터 괴리된 학문으로서의 수학이 아닌, 삶을 살아가며 반드시 키워야 할 논리적, 합리적 사고력을 기를 수 있는 누구에게나 가장 중요한 경쟁력으로서의 수학을 주장합니다. '노크'야말로 새로운 수학 학습의 길을 보여주는 방향타가 될 것입니다.

한 현 조

똑!똑! 사고력 수학 노크의 구성

시작 : 생각열기

사고력 수학 주제에 맞는 수학적 상황, 수학사, 생활 속 수학 이야기 등의 자유로운 형식으로 흥미를 유발하고, 수학적 사고를 자극하는 주제별 프롤로그

노크 포인트

문제 해결의 핵심적 원리를 '콕!' 집어서 간결하게 요약한 사고력 수학 주제별 포인트

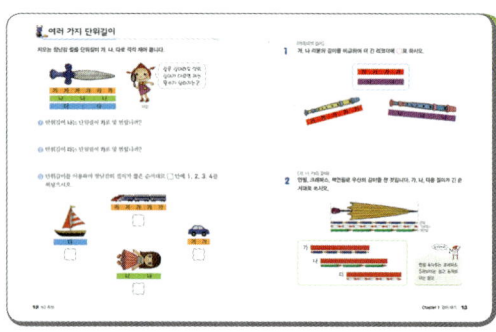

전개 : 유형 탐구

사고력 수학의 대표 유형을 노크만의 새로운 방법으로 차근차근 한 단계씩 익히고 해결하는 단계적 유형 탐구와 이를 통해 익힌 방법적 원리를 적용, 확장하는 확인 문항

잘 생각해 봐!

수학 요정들의 친절한 충고와 꼬마 요괴들의 밉살스럽지만 유용한 조언으로 어려운 발전 문항의 해결을 돕는 문제 해결 도우미 박스

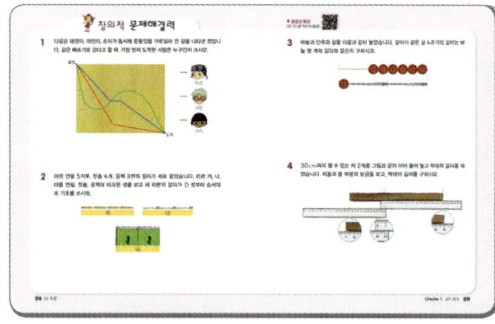

발전 : 창의적 문제해결력

3개의 사고력 수학 주제를 갈무리하는, 한 차원 높은 창의력과 복합적인 사고력을 요구하는 발전 문항의 끝판왕

마무리 : 정답 및 해설

본문에 그대로 첨삭된 정답과 간략한 풀이 과정을 통한 사고력 수학 활동 피드백으로 마무리

노크
캐릭터 소개

지식을 되찾기 위해 노크랜드로 떠난 모험가 친구들

일단 저지르고 보는 거야!

난 궁금한 건 절대 못 참아.

침착하게 위기를 벗어나야 해.

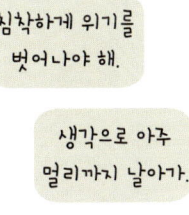
생각으로 아주 멀리까지 날아가.

태경
활동파 리더

지오
호기심 공주

초이
조용한 전략가

아인
꼬마 천재

마법사 멀린과 수학 요정

마법사 멀린
노크랜드의 지식의 수호자. 지식을 파괴하려는 대마왕의 음모에 맞서 모험을 떠난 친구들의 든든한 조력자.

아르키메데스

페르마

플라톤

파스칼

피타고라스

가우스

유클리드

오일러

대마왕과 꼬마 요괴

대마왕
노크랜드의 지식의 파괴자. 세계를 차지하기 위해 모든 지식을 없애버리려고 하는 요괴들의 두목.

딴소리

한입

장난

딴짓

멍하니

잠만자

울보

거꾸로

이 책의

차례

Chapter 1

길이 재기

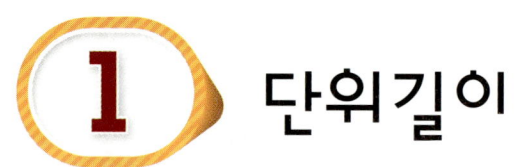

1 단위길이

한입 요괴와 울보 요괴가 서로 자신의 연필이 더 길다고 다툽니다.

내 연필이 더 길잖아. 바둑돌 12개와 길이가 같아.

엉엉! 내 연필이 더 긴데……. 클립 9개와 길이가 같아.

한입 요괴

울보 요괴

지나가던 태경이와 아인이가 두 꼬마 요괴의 다툼을 해결해 주기로 합니다.

생각해 볼 것도 없이 한입 요괴의 연필이 더 길어. 9개보다 12개가 더 많잖아.

태경

아인

잠시만 기다려 봐. 먼저 바둑돌과 클립의 길이를 비교해 봐야겠어.

바둑돌 3개와 클립 2개의 길이가 같군.

태경이의 말이 잘못된 이유는 무엇입니까?

아인이는 한입 요괴와 울보 요괴의 연필 중 어느 것이 더 길다고 말했을까요?

🔵 단추를 단위길이로 하여 연필과 지우개의 길이를 재려고 합니다. ☐ 안에 알맞은 수를 써넣으시오.

 번   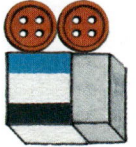 번

🔵 몸을 이용하여 길이를 잴 때 알맞은 것끼리 선으로 이으시오.

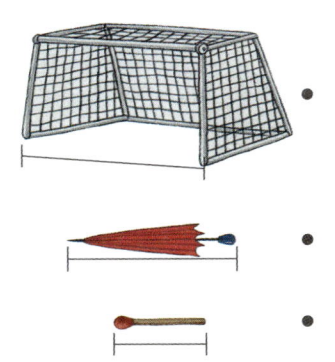

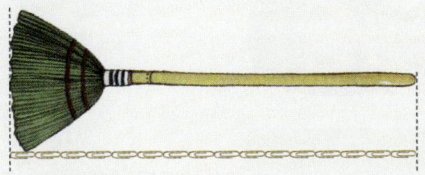 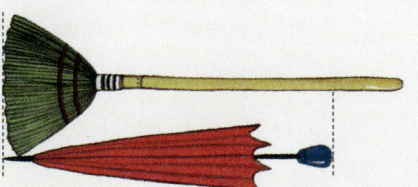

노크 포인트

어떤 길이를 재는 데 기준이 되는 길이를 단위길이라고 합니다.

수학책의 긴 쪽의 길이는 클립 **7**개의 길이와 같고, 연필의 길이는 클립 **4**개의 길이와 같습니다.

단위길이를 너무 짧거나 긴 물건으로 할 경우에는 길이를 재기가 힘듭니다.

빗자루의 길이를 재는 데 클립은 너무 짧아서 힘들고, 우산은 너무 길어서 힘듭니다.

여러 가지 단위길이

지오는 장난감 칼을 단위길이 가, 나, 다로 각각 재어 봅니다.

같은 길이라도 단위길이가 다르면 재는 횟수가 달라지는군.

지오

❶ 단위길이 **나**는 단위길이 **가**로 몇 번입니까?

❷ 단위길이 **다**는 단위길이 **가**로 몇 번입니까?

❸ 단위길이를 이용하여 장난감의 길이가 짧은 순서대로 ☐ 안에 Ⅰ, 2, 3, 4를 써넣으시오.

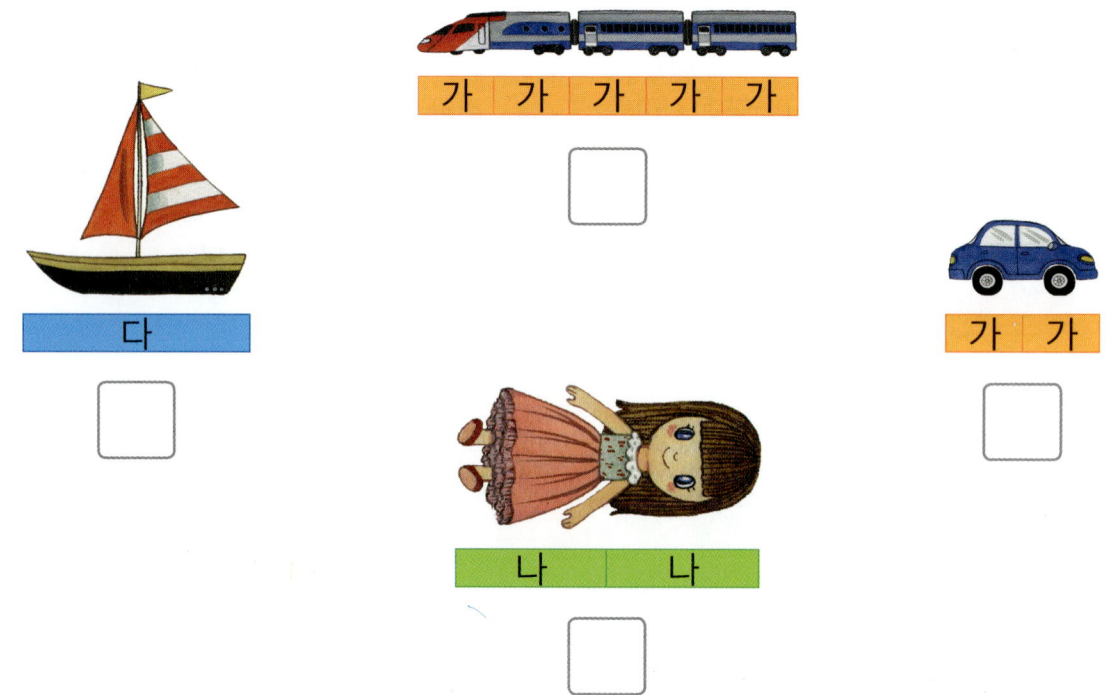

[리코더의 길이]

1 가, 나 리본의 길이를 비교하여 더 긴 리코더에 ◯표 하시오.

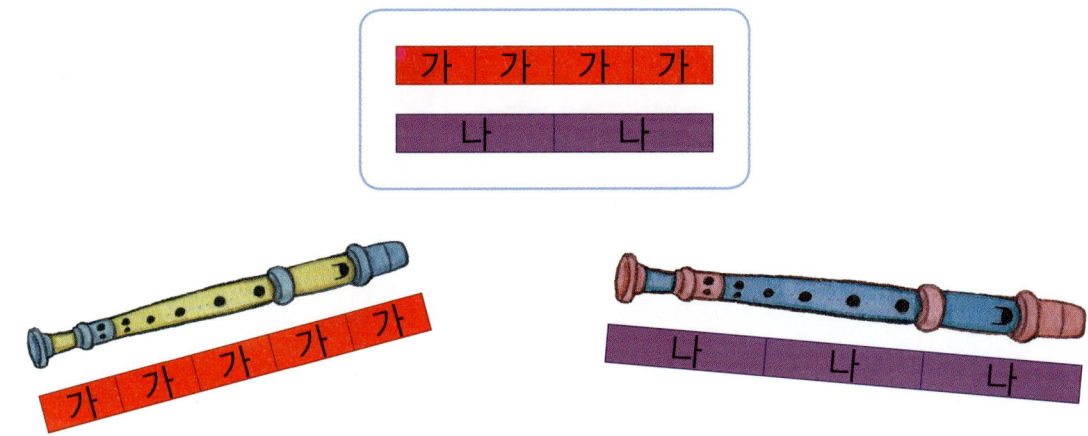

[가, 나, 다의 길이]

2 연필, 크레파스, 색연필로 우산의 길이를 잰 것입니다. 가, 나, 다를 길이가 긴 순서대로 쓰시오.

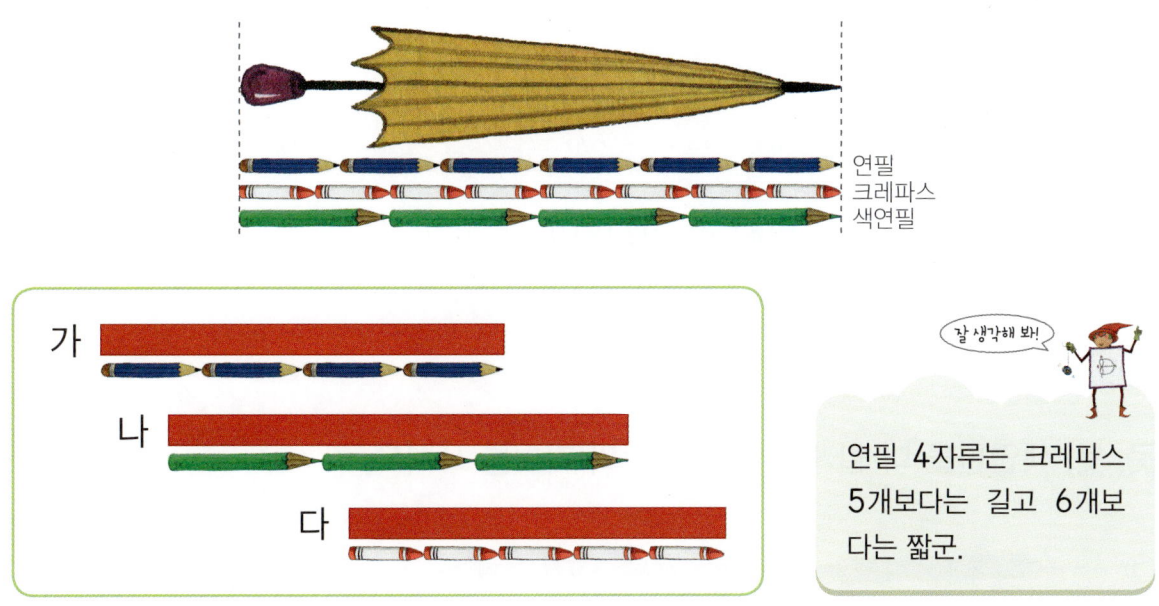

잘 생각해 봐!

연필 4자루는 크레파스 5개보다는 길고 6개보다는 짧군.

단위길이 비교하기

초이는 못, 붓, 색연필을 늘어놓았습니다. 색연필과 붓의 길이를 비교해 봅시다.

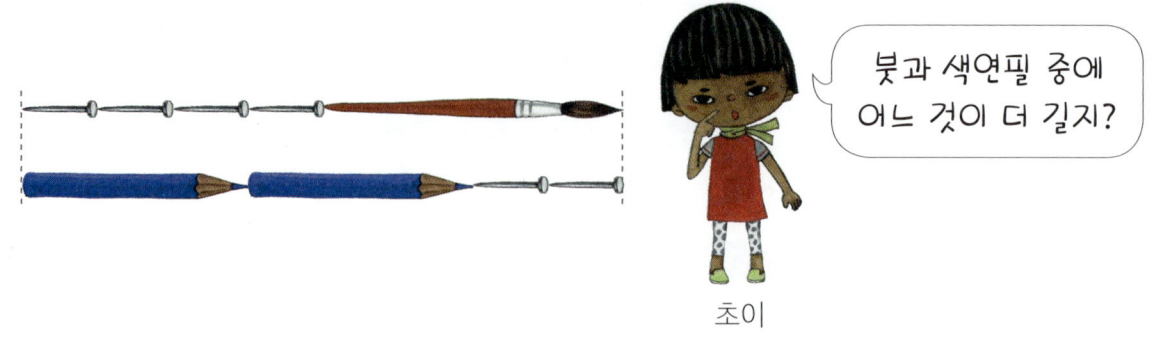

초이

> 붓과 색연필 중에 어느 것이 더 길지?

❶ 색연필은 못 몇 개와 길이가 같은지 ☐ 안에 알맞은 수를 써넣으시오.

❷ 색연필 대신 못을 ⬭로 그려 보시오. 붓은 못 몇 개의 길이와 같습니까?

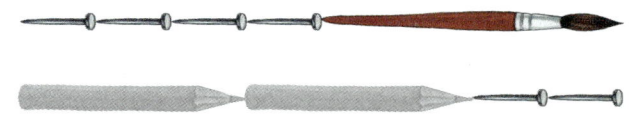

> 잘 생각해 봐!
>
> 색연필 1개 대신 ⬭를 3개 그릴 수 있어.

❸ 붓과 색연필 중 어느 것이 더 깁니까?

못, 붓, 색연필을 더 길게 늘어놓은 것의 기호를 쓰시오.

1 색 테이프 **가**, **나**, **다**를 다음과 같이 늘어놓았습니다. **다**는 지우개 몇 개의 길이
와 같습니까?

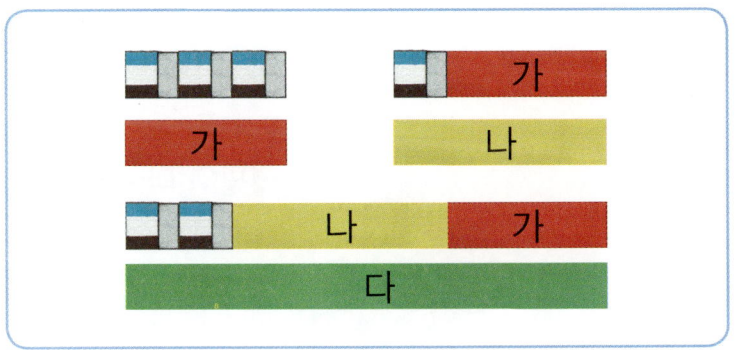

가와 나를 지우개로 바꾸어
생각해 봐.

2 클립과 숟가락을 늘어놓아 같은 길이를 만들었습니다. 클립만으로 같은 길이를
만들려면 클립 몇 개를 놓아야 합니까?

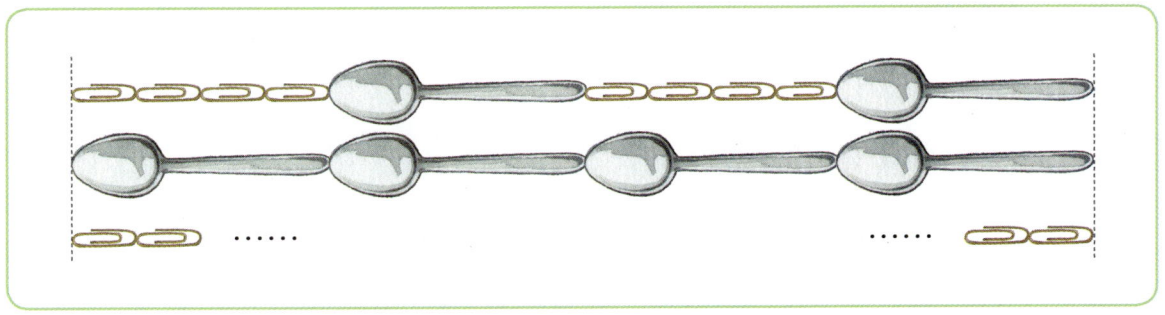

2 자로 길이 재기

울보 요괴와 한입 요괴는 서로 누가 더 긴 연필을 가지고 있는지 확실하게 자로 재어 비교하기로 하였습니다.

그 광경을 본 태경이가 아인이에게 말합니다.

한입 요괴가 연필의 길이를 잴 때 잘못한 것은 무엇입니까?

한입 요괴의 연필의 길이는 몇 cm입니까? 누구의 연필이 더 깁니까?

자로 물건의 길이를 바르게 잰 사람은 누구입니까?

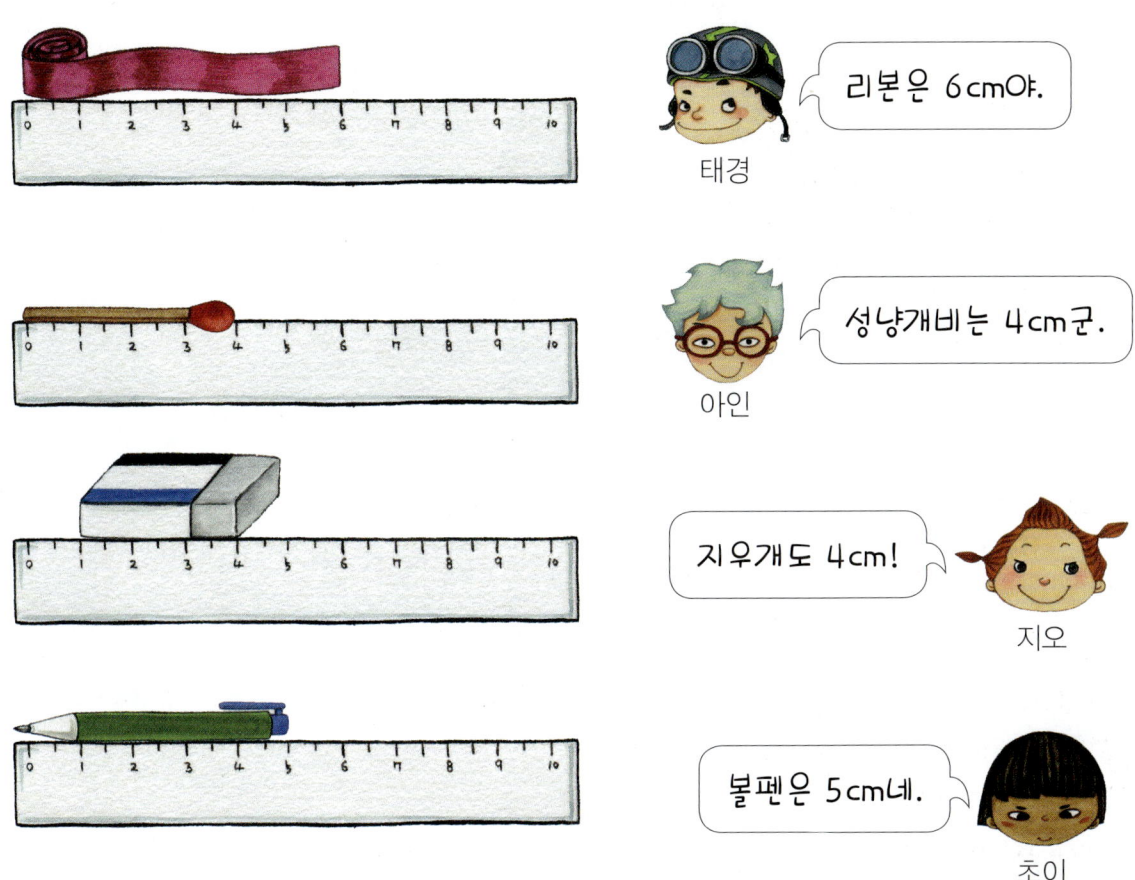

태경: 리본은 6cm야.

아인: 성냥개비는 4cm군.

지오: 지우개도 4cm!

초이: 볼펜은 5cm네.

노크 포인트

자를 사용하여 길이를 잴 때는 한쪽 끝을 눈금 0에 맞추고 다른 쪽 끝의 눈금을 읽습니다.
자의 큰 눈금을 읽어 길이를 잰 경우 수에 cm를 붙여서 쓰고, 센티미터라고 읽습니다.

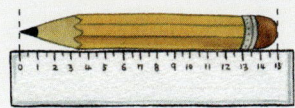

연필의 길이: 15cm

100cm는 1m로 바꾸어 나타낼 수 있고 m는 미터라고 읽습니다.

아인이의 양팔 사이의 길이는
120cm라고 쓸 수도 있고
1m 20cm라고 쓸 수도 있습니다.

 # 잘못된 줄자

지오가 3m 50cm 길이의 줄자를 준비하였는데 잘못되어 350cm라고 표시된 부분이 먼저 나옵니다. 지오가 잰 길이를 보고 올바른 길이를 구해 봅시다.

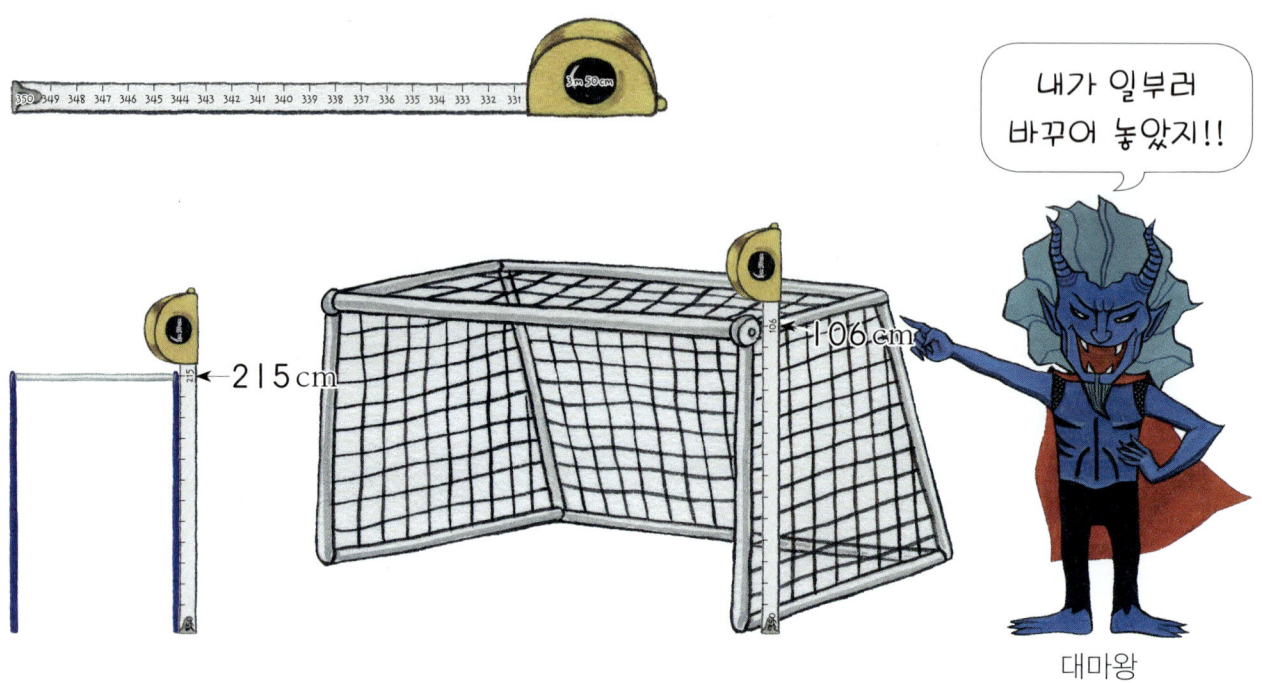

내가 일부러
바꾸어 놓았지!!

215cm

106cm

대마왕

❶ 철봉의 높이를 재기 위해서는 줄자 전체의 길이에서 눈금의 길이를 빼야 합니다. ☐ 안에 알맞은 수를 써넣어 철봉의 높이를 구하시오.

$$350 \text{ cm} \leftarrow \text{줄자 전체 길이}$$
$$- 215 \text{ cm} \leftarrow \text{지오가 잰 눈금}$$

철봉의 높이 → ☐ cm = ☐ m ☐ cm

❷ 축구 골대의 높이를 구하시오.

축구 골대의 높이 = ☐ m ☐ cm

1 초이는 잘못된 줄자를 가지고 있습니다. 실제 길이가 12 cm인 연필을 잘못된 줄자로 재었더니 6 cm입니다.

잘못된 줄자로 재었더니 길이가 이상해.

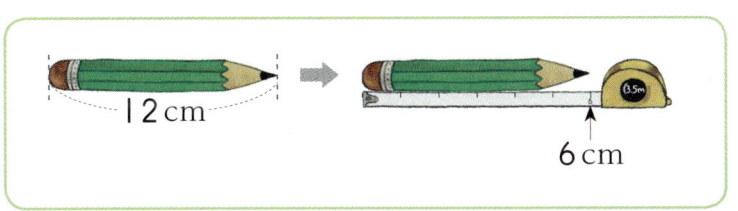

잘못된 줄자로 잰 빨대와 붓의 실제 길이를 구해 ☐ 안에 써넣으시오.

5 cm

☐ cm

9 cm

☐ cm

[잘못된 줄자]

2 0 cm가 아닌 120 cm부터 시작하는 잘못된 줄자가 있습니다. 이 줄자로 잰 눈금을 보고 실제 길이를 구하시오.

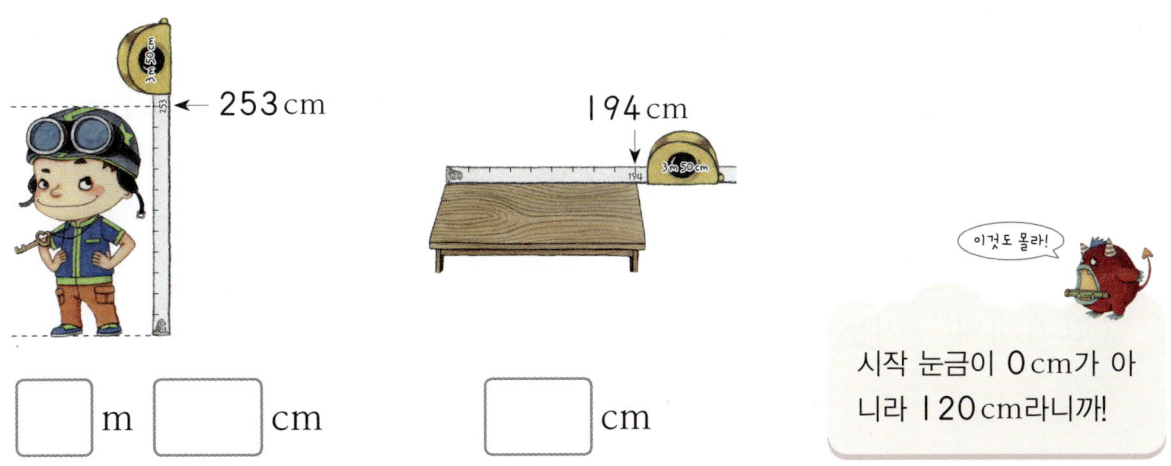

← 253 cm

194 cm

☐ m ☐ cm

☐ cm

이것도 몰라!

시작 눈금이 0 cm가 아니라 120 cm라니까!

같은 길이 만들기

클립, 지우개, 딱풀로 같은 길이를 만든 것입니다. 클립의 길이를 재어 지우개와 딱풀의 길이를 구해 봅시다.

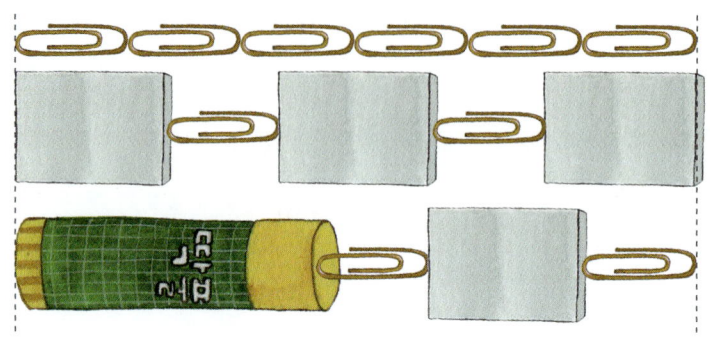

❶ 클립의 길이를 자로 재었습니다. 클립의 길이는 몇 cm입니까?

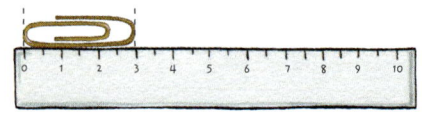

❷ 클립, 지우개, 딱풀로 만든 같은 길이를 식으로 나타낸 것입니다. ☐ 안에 알맞은 수를 써넣으시오.

클립 6개＝클립 ☐ 개＋지우개 ☐ 개

＝클립 ☐ 개＋지우개 ☐ 개＋딱풀 ☐ 개

❸ 클립 6개의 길이는 몇 cm입니까?

잘 생각해 봐!

클립 6개의 길이에서 클립 2개의 길이를 빼면 지우개 3개의 길이야.

❹ 지우개와 딱풀의 길이를 각각 구하시오.

[벽돌의 길이]

1 세 가지 길이의 벽돌을 다음과 같이 쌓았습니다. 가 벽돌의 길이가 20 cm일 때, 나와 다 벽돌의 길이는 각각 몇 cm입니까?

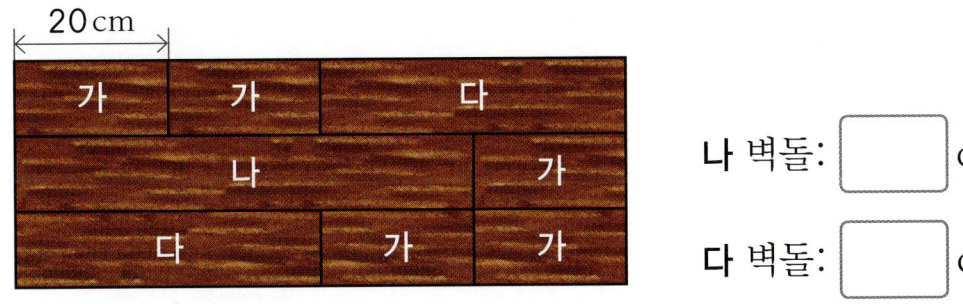

나 벽돌: ☐ cm

다 벽돌: ☐ cm

[지우개를 이용한 길이 재기]

2 지우개의 길이를 잰 다음 여러 가지 물건으로 같은 길이를 만들었습니다. 리모컨의 길이는 몇 cm입니까?

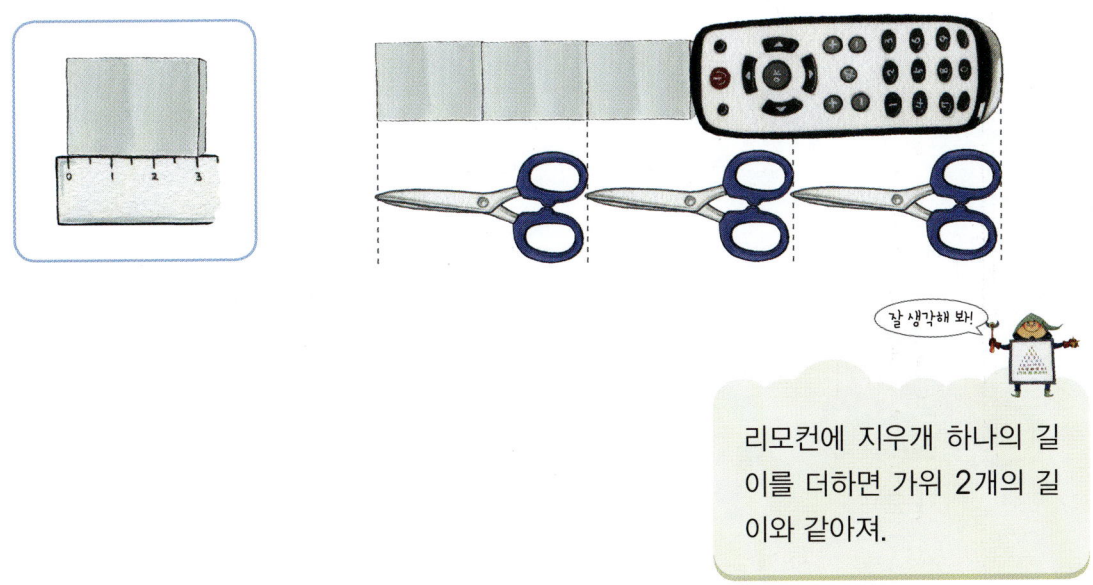

잘 생각해 봐!

리모컨에 지우개 하나의 길이를 더하면 가위 2개의 길이와 같아져.

요괴들이 각각 빨간색 선과 파란색 선을 긋습니다. 더 긴 선을 그은 요괴가 누구인지 찾아보시오. 눈으로 어림한 다음 자로 재어 확인합니다.

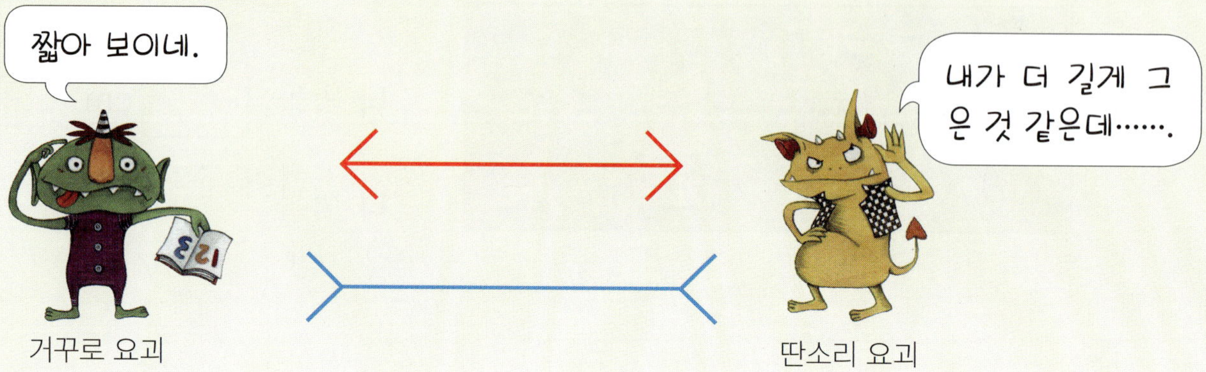

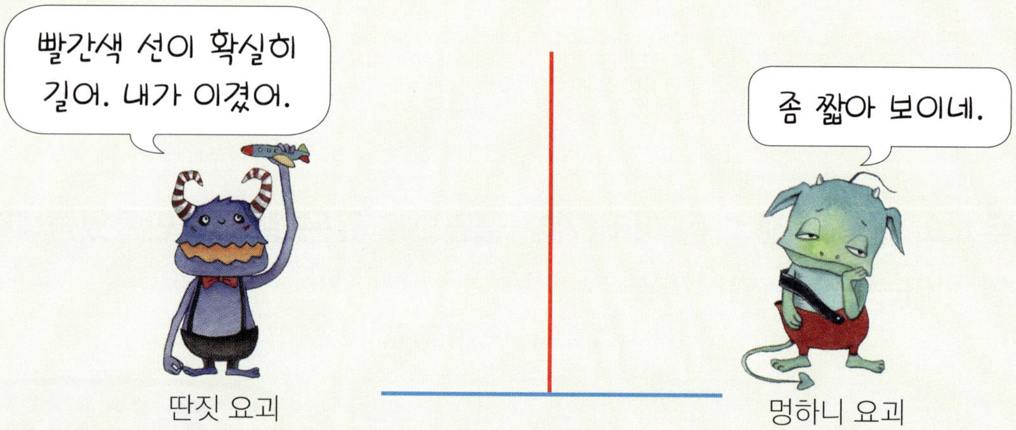

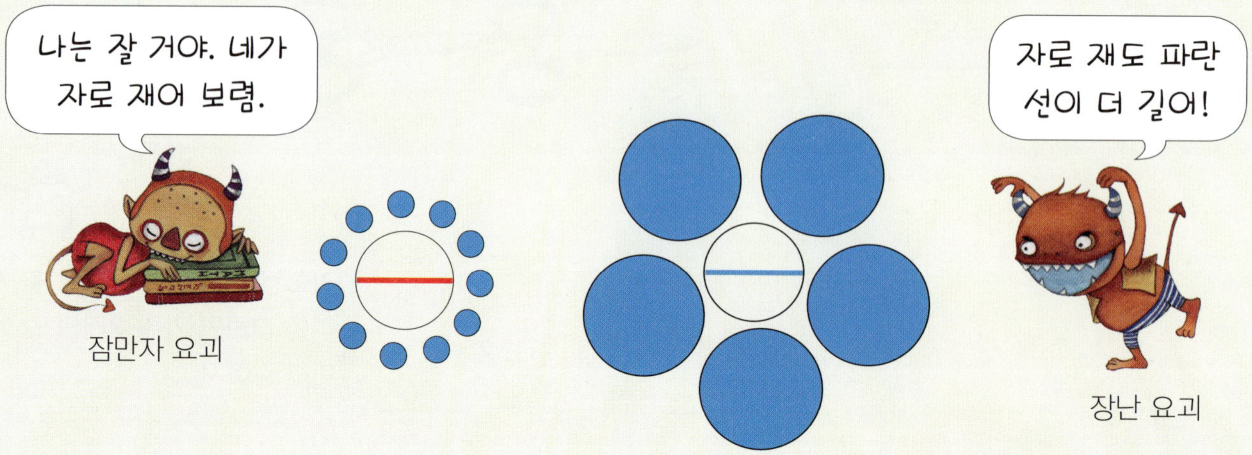

짧아 보이네.

내가 더 길게 그은 것 같은데…….

거꾸로 요괴

딴소리 요괴

빨간색 선이 확실히 길어. 내가 이겼어.

좀 짧아 보이네.

딴짓 요괴

멍하니 요괴

나는 잘 거야. 네가 자로 재어 보렴.

자로 재도 파란 선이 더 길어!

잠만자 요괴

장난 요괴

🔘 그림을 보고 ☐ 안에 어림한 길이를 써넣으시오.

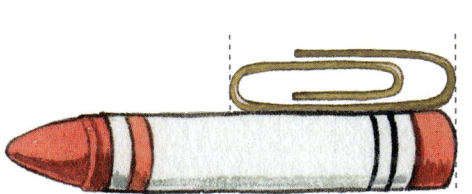

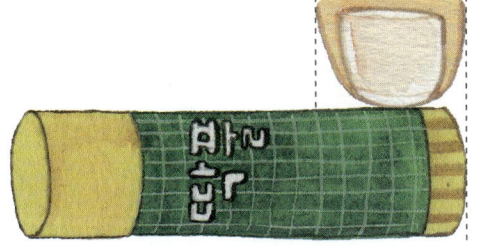

클립: 3 cm

크레파스: 약 ☐ cm

엄지손가락 너비: 2 cm

딱풀: 약 ☐ cm

🔘 세 선의 길이를 어림하여 길이가 가장 긴 선의 기호를 쓰시오. 그런 다음 자로 직접 재어 보시오.

가

나

다

노크 포인트

눈으로만 길이를 비교하면 틀릴 때가 있습니다. 길이를 비교할 때는 직접 맞대어 보거나 다른 물건을 이용하여 맞대어 보면 됩니다.

종이 테이프를 연필의 길이만큼 잘라서 볼펜과 비교해 보니 연필의 길이가 볼펜의 길이보다 짧습니다.

신체의 일부를 이용하여 길이를 어림할 수도 있습니다.

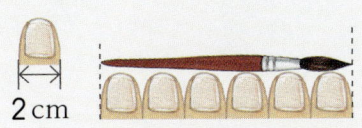

2 cm

붓의 길이는 약 12 cm

60 cm

차의 길이는 약 180 cm

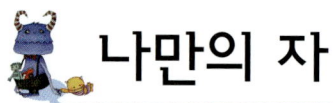 # 나만의 자

신체를 이용한 나만의 자로 선의 길이를 어림하여 봅시다.

❶ 나의 몸의 여러 부분을 재어서 1cm의 단위로 사용할 부분과 10cm 단위로 사용할 부분을 찾아서 표를 채워 보시오.

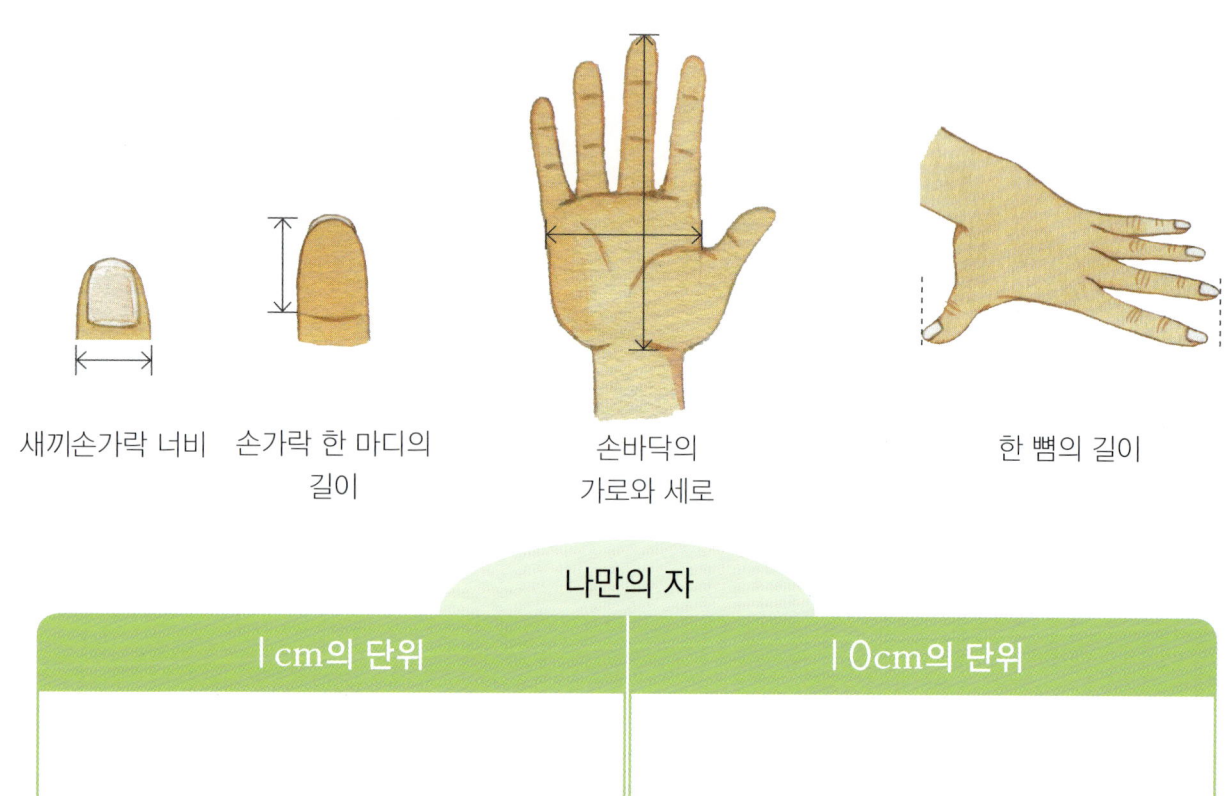

새끼손가락 너비   손가락 한 마디의
                 길이

손바닥의
가로와 세로

한 뼘의 길이

나만의 자

1cm의 단위	10cm의 단위

❷ 우리 몸의 일부분을 재어 만든 나만의 자로 선 **가**, **나**의 길이를 어림해 보시오.

가

나

가: 약 [ ] cm

나: 약 [ ] cm

1 신체를 이용한 나만의 자로 어림하여 주어진 길이만큼 위 칸에 색칠해 보고, 실제 자로 길이를 재어 아래 칸에 색칠한 다음 비교해 보시오.

어림한 6cm	
자로 잰 6cm	

어림한 9cm	
자로 잰 9cm	

2 오른쪽 1cm의 길이를 보고 다음 각각의 길이를 어림해 본 다음 실제 자로 잰 길이와 비교하시오.

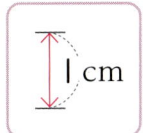

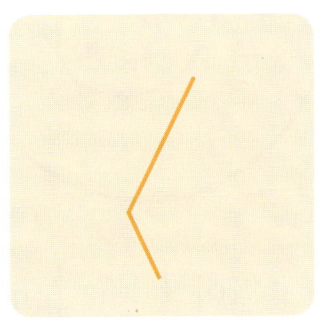

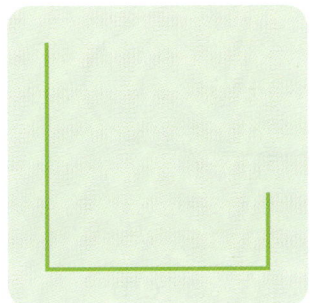

어림한 길이: 약 ☐ cm   어림한 길이: 약 ☐ cm

자로 잰 길이: ☐ cm   자로 잰 길이: ☐ cm

 # 곡선의 길이

다음 곡선의 길이를 어림한 다음 실을 잘라 곡선 위에 겹쳐 놓습니다. 실의 길이를 재어 곡선의 길이를 알아보시오.

곡선의 길이를 잴 때는 실을 이용하면 되겠군. 실을 이용하여 재어 보니 15cm, 17cm, 19cm 세 종류의 길이가 있군.

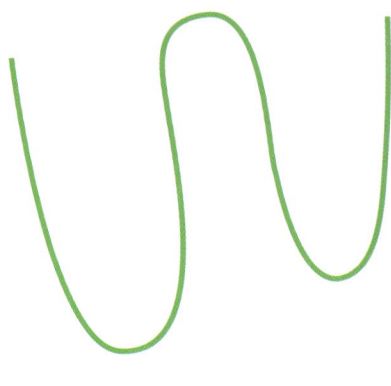

길이: ☐ cm

길이: ☐ cm

길이: ☐ cm

[구부러진 선의 길이]

1 다음 세 가지 구부러진 선의 길이를 재어 길이가 긴 순서대로 기호를 쓰시오.

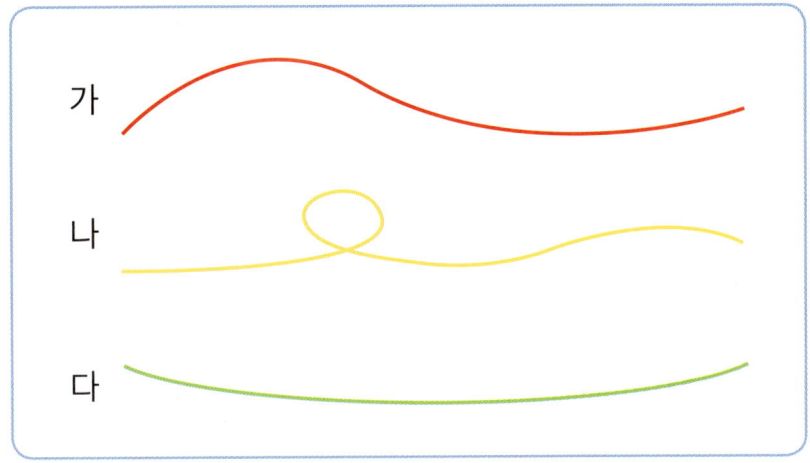

[10cm가 넘는 선]

2 길이가 10 cm를 넘는 선이 하나 있습니다. 길이를 어림하여 10 cm가 넘는 선을 찾아 기호를 쓰시오.

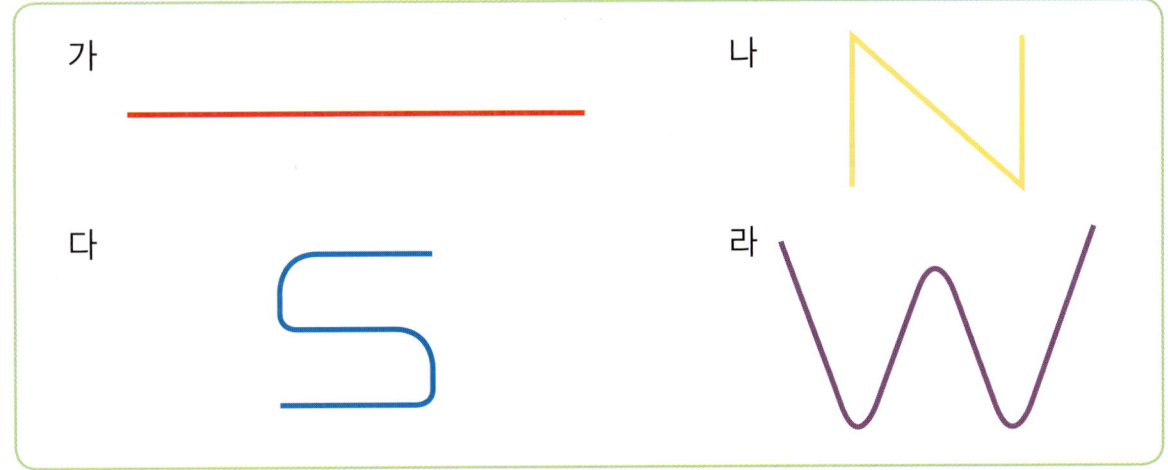

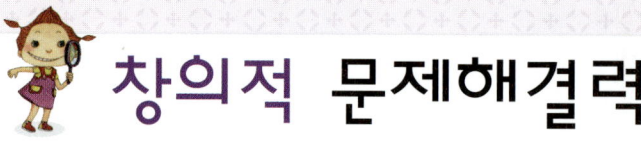

창의적 문제해결력

1 다음은 태경이, 아인이, 초이가 동시에 운동장을 가로질러 간 길을 나타낸 것입니다. 같은 빠르기로 갔다고 할 때, 가장 먼저 도착한 사람은 누구인지 쓰시오.

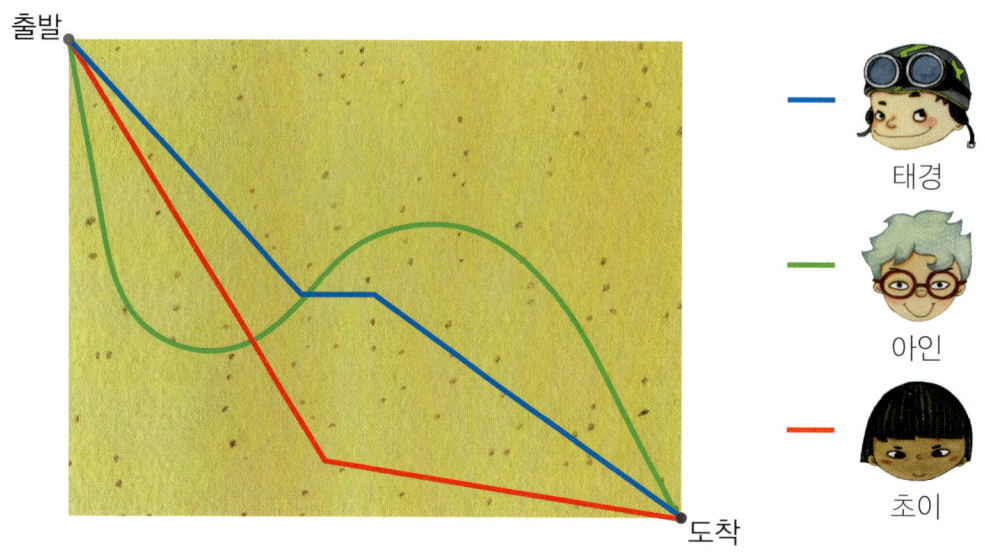

2 어떤 연필 5자루, 칫솔 4개, 공책 3권의 길이가 서로 같았습니다. 리본 가, 나, 다를 연필, 칫솔, 공책과 비교한 것을 보고 세 리본의 길이가 긴 것부터 순서대로 기호를 쓰시오.

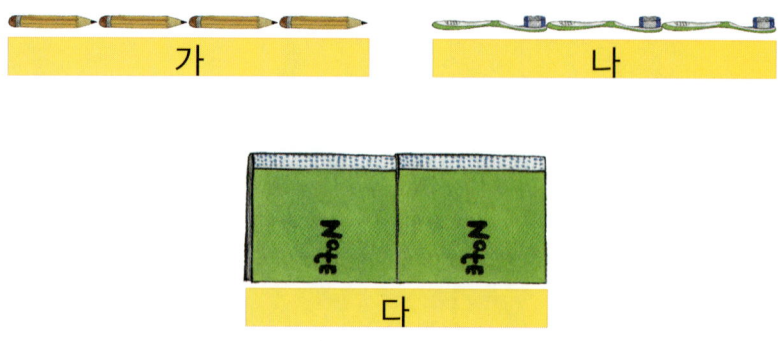

3 바늘과 단추와 실을 다음과 같이 놓았습니다. 길이가 같은 실 4조각의 길이는 바늘 몇 개의 길이와 같은지 구하시오.

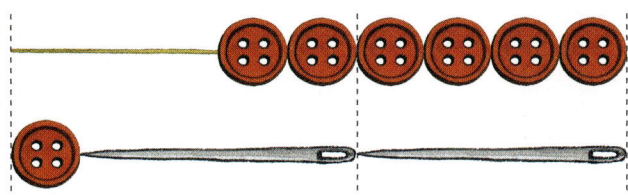

4 30 cm까지 잴 수 있는 자 2개를 그림과 같이 이어 붙여 놓고 막대의 길이를 재었습니다. 처음과 끝 부분의 눈금을 보고, 막대의 길이를 구하시오.

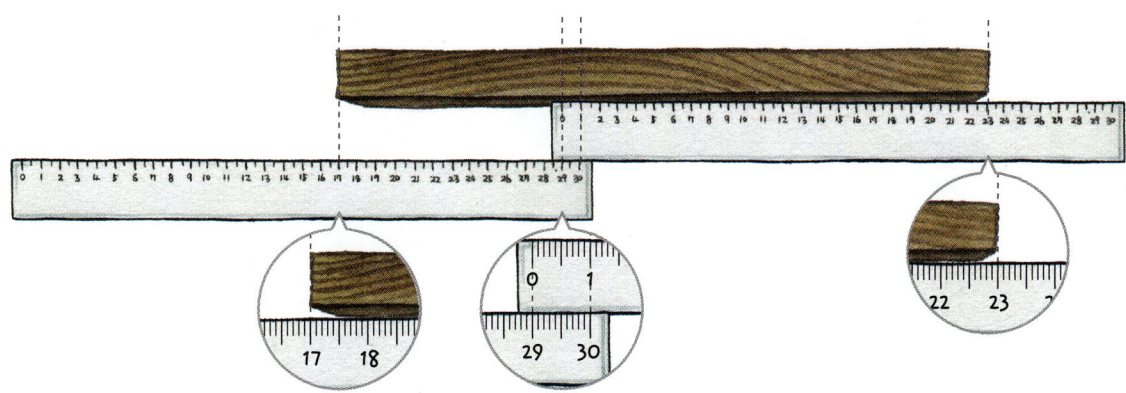

Chapter 2

잴 수 있는 길이

4 눈금 없는 막대

아인이의 할아버지는 목수입니다. 이제 나이가 들어 눈이 침침하시다고 합니다.

나이가 들어 눈금이 보이질 않아. 막대 10개의 길이를 사용해서 자를 대신해야겠군.

10	100
20	90
30	80
40	70
50	60

아인이는 무거운 막대 때문에 할아버지가 걱정되었습니다. 아인이는 좋은 생각이 떠올랐습니다.

막대 중에서 10, 20, 40, 80이 적힌 4개의 막대만 가지고 다니세요.

아인

그러면 30, 50, 60, 70, 90, 100인 길이는 어떻게 재란 말이냐?

할아버지

10, 20 막대를 이어 붙이면 30 cm 길이를 잴 수 있습니다.

준비물 나무 막대

30 cm

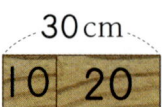

| 10 | 20 |

아인이의 수학 실력이 할아버지의 짐을 가볍게 해 주었구나.

나무 막대를 붙여서 50, 60, 70, 90, 100 cm의 길이를 재어 보시오.

◑ ☐ 안에 알맞은 길이를 써넣으시오.

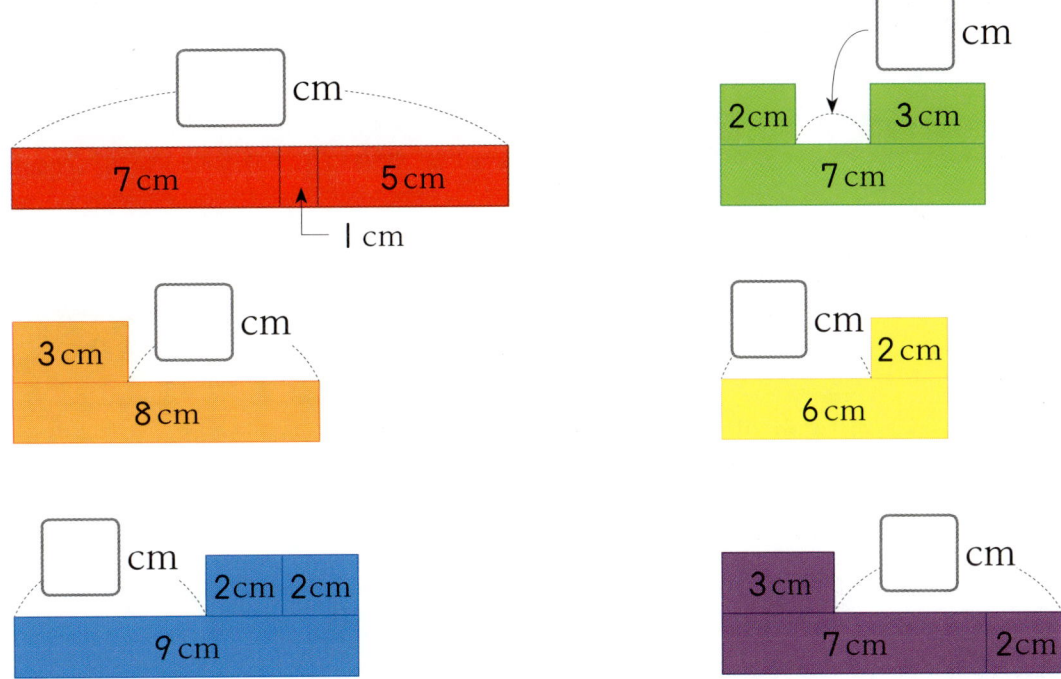

길이를 아는 막대를 자로 사용할 수 있습니다.

1 cm, 2 cm 길이의 막대를 이어 붙이면 길이의 합을 이용해서 1 cm, 2 cm, 3 cm의 길이를 잴 수 있습니다.

1 cm: | 1 cm | 2 cm: | 2 cm | 3 cm: | 1 cm | 2 cm |

옆으로 붙이면 차를 이용할 수도 있습니다. 1 cm, 3 cm 길이의 막대를 사용하면 1 cm, 2 cm, 3 cm, 4 cm의 길이를 잴 수 있습니다.

1 cm: | 1 cm | 2 cm: | 1 cm | 3 cm | 3 cm: | 3 cm |

4 cm: | 1 cm | 3 cm |

2cm, 3cm, 7cm 길이의 막대로 1cm에서 12cm까지의 길이를 재는 방법을 표의 빈칸에 그림으로 나타내시오.

준비물 나무 막대

1cm	2cm 3cm ⌐1cm		3cm	3cm 3cm
2cm	2cm 2cm		4cm	
5cm		5cm 2cm | 3cm		
6cm				
7cm		7cm 7cm		
8cm		2cm ⌐ 8cm 7cm | 3cm		
9cm				
10cm				
12cm		12cm 2cm|3cm| 7cm		

1 리본을 잘라 4도막으로 나누었습니다. 잘린 리본들 중 2장을 나란히 이어 붙여
서 만들 수 있는 길이를 모두 쓰시오.

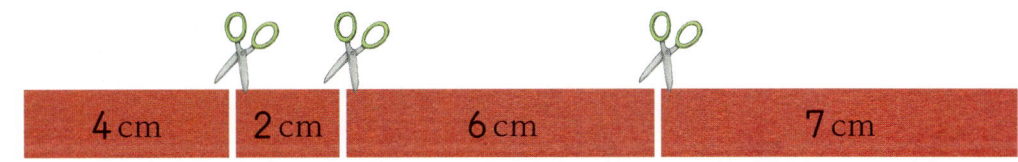

2 막대 3개를 이용하여 물건의 길이를 재려고 합니다. 길이를 잴 수 있는 것에 모
두 ◯표 하시오.

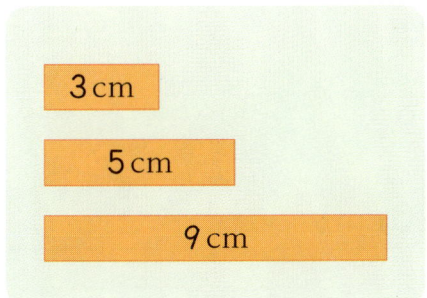

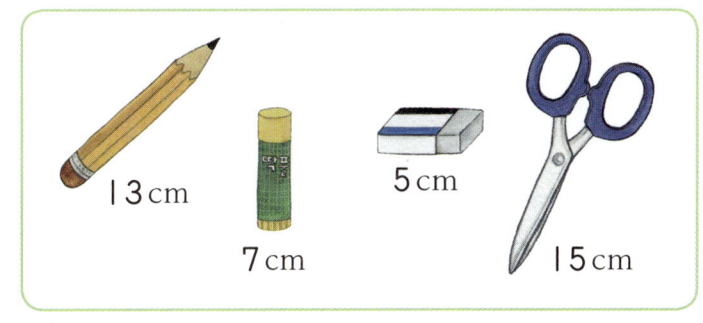

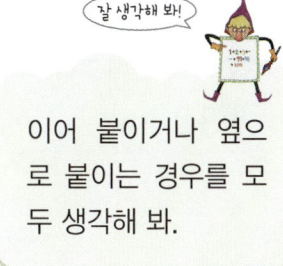

잘 생각해 봐!

이어 붙이거나 옆으
로 붙이는 경우를 모
두 생각해 봐.

나무 막대의 수

아인이는 할아버지께서 사용하시는 나무 막대의 수를 줄이기 위해 막대의 길이를 다음과 같이 바꾸었습니다. 나무 막대 3개를 사용하여 잴 수 있는 길이를 알아보시오.

준비물 나무 막대

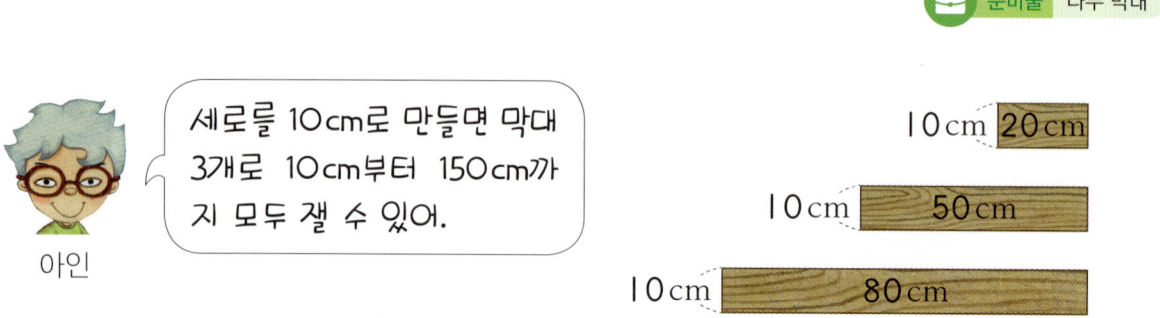

아인: 세로를 10cm로 만들면 막대 3개로 10cm부터 150cm까지 모두 잴 수 있어.

① 나무 막대를 **2**개 또는 **3**개 사용하여 잴 수 있는 길이를 나타낸 것입니다. ☐ 안에 알맞은 길이를 써넣으시오.

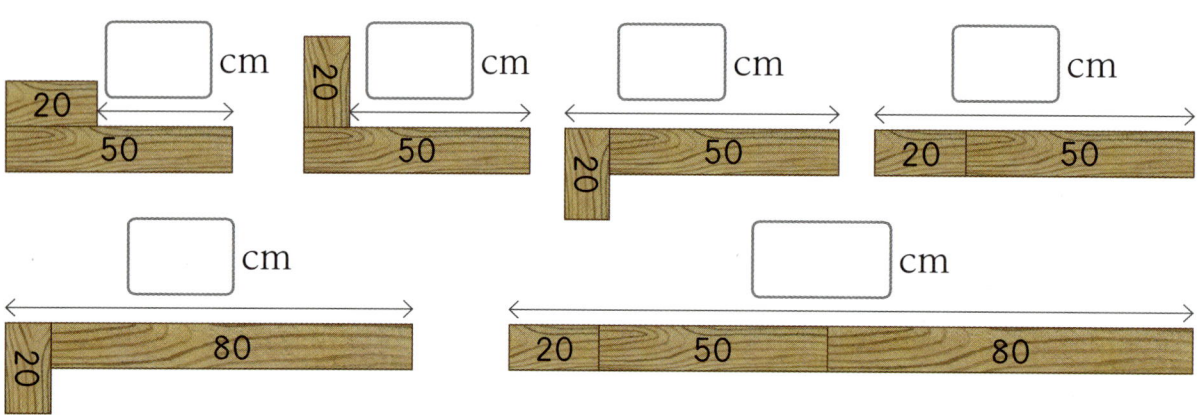

② 다음 길이를 재는 방법을 그림으로 나타내시오.

110 cm	**120** cm
130 cm	**140** cm

[막대 수 줄이기]

1 지오가 막대 3개로 잴 수 있는 길이를 초이는 막대 2개로 똑같이 잴 수 있습니다. 같은 길이를 잴 수 있는 것끼리 짝지으시오.

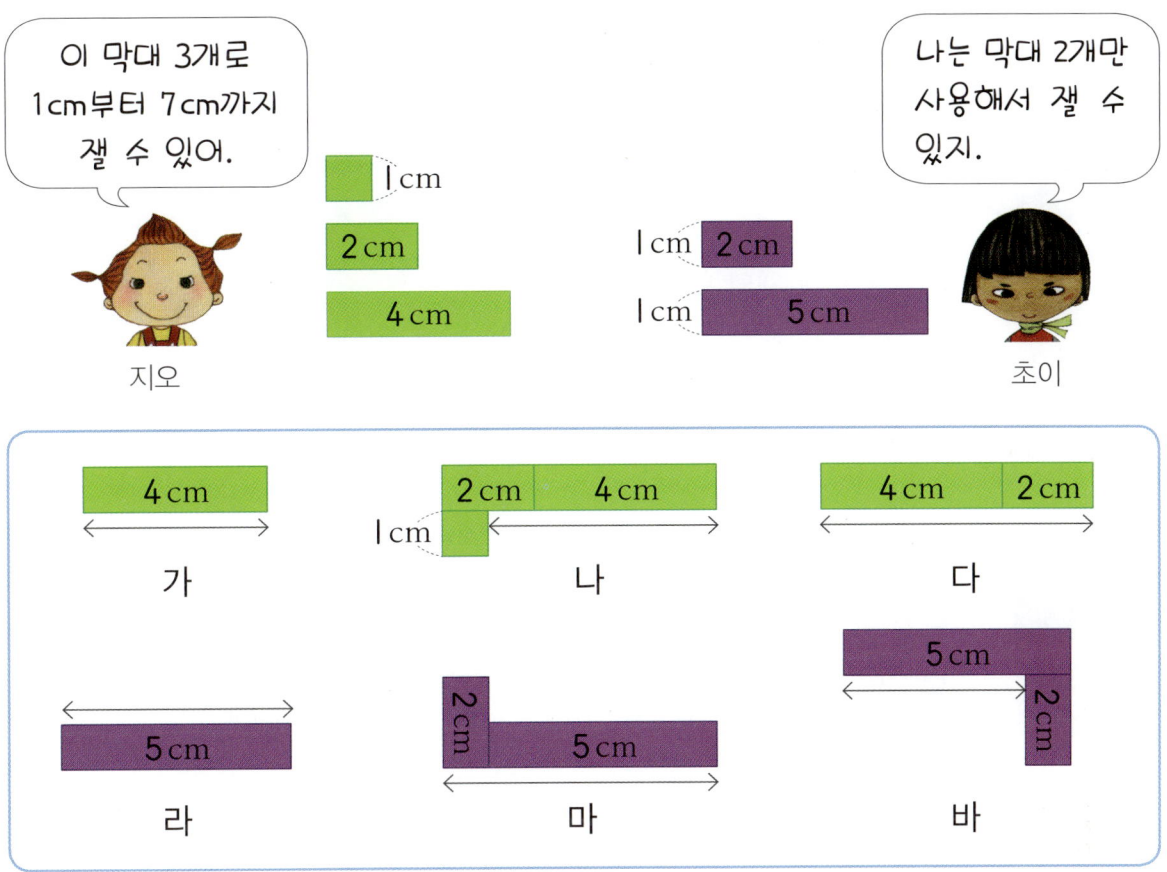

[종이로 길이 재기]

2 다음과 같은 종이 2장을 사용하여 길이를 재려고 합니다. 잴 수 있는 길이를 모두 쓰시오.

이것도 몰라!

종이 한 장에 있는 두 가지의 길이는 붙여서 사용할 수 없어.

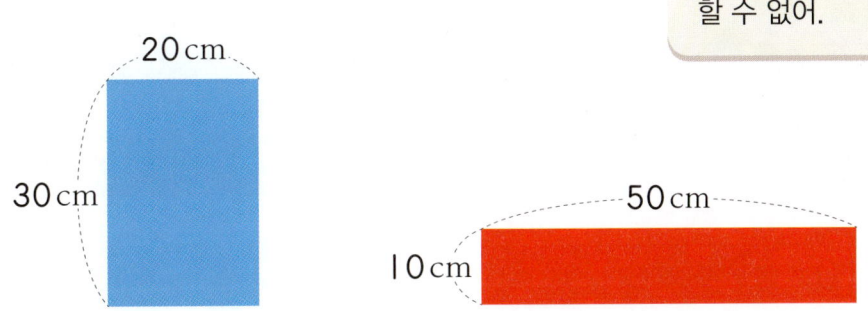

5 눈금 없는 자

지오와 초이가 교실을 정리하던 중 오래된 자를 찾았습니다.

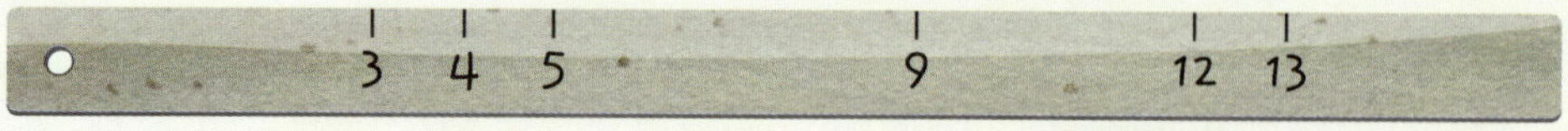

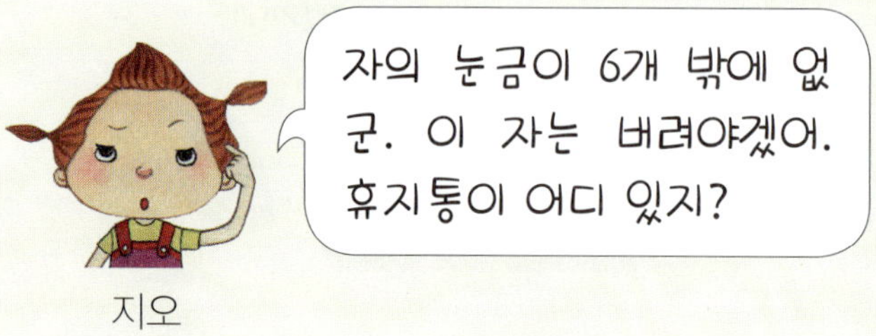

지오: 자의 눈금이 6개 밖에 없군. 이 자는 버려야겠어. 휴지통이 어디 있지?

지오

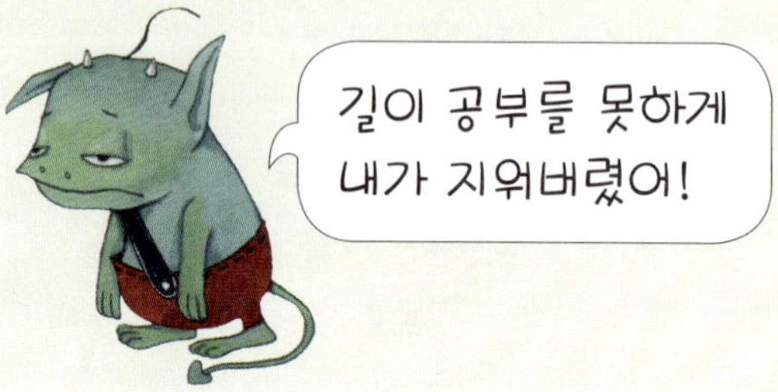

길이 공부를 못하게 내가 지워버렸어!

초이가 자를 꼼꼼히 살펴보더니 이 자도 꽤 쓸모가 있다고 합니다.

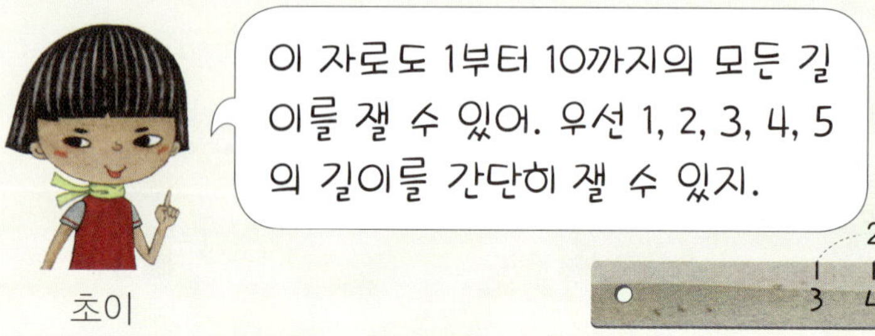

초이: 이 자로도 1부터 10까지의 모든 길이를 잴 수 있어. 우선 1, 2, 3, 4, 5 의 길이를 간단히 잴 수 있지.

초이

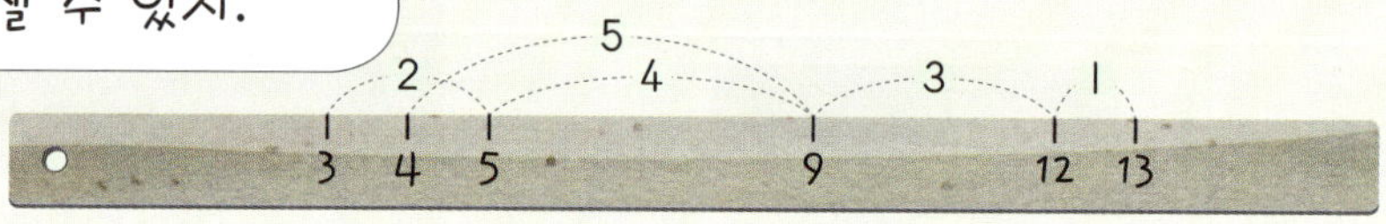

초이와 같은 방법으로 6부터 10까지의 길이를 자에 표시하시오.

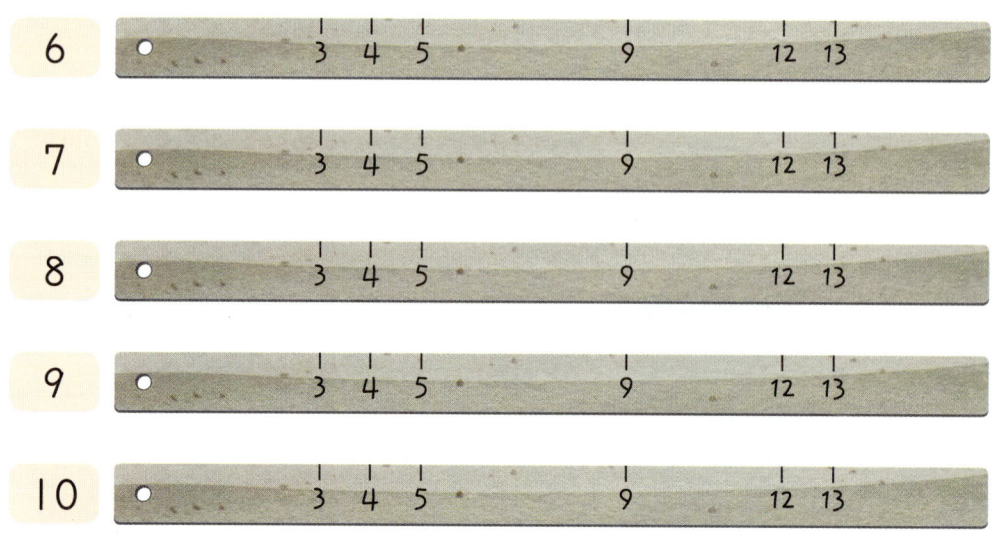

6

7

8

9

10

오래된 자를 이용하여 다음 길이를 재어 보시오.

준비물 오래된 자

노크 포인트

길이의 합과 차를 이용하여 눈금 없는 자를 만들 수 있습니다.
눈금 없는 자의 간격의 길이가 각각 **1**, **1**, **4**, **3**일 때 **1**부터 **9**까지의 길이를 모두 잴 수 있습니다.

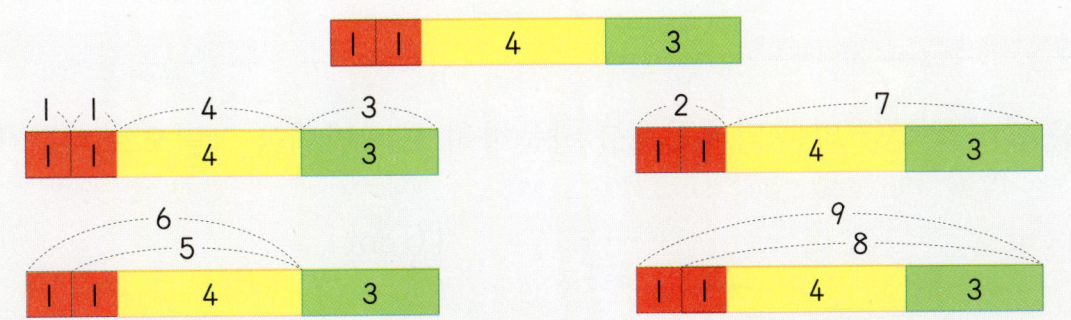

눈금 없는 자를 연결하여 만든 연결자는 길이의 합과 차를 이용하여 길이를 잴 수 있습니다.

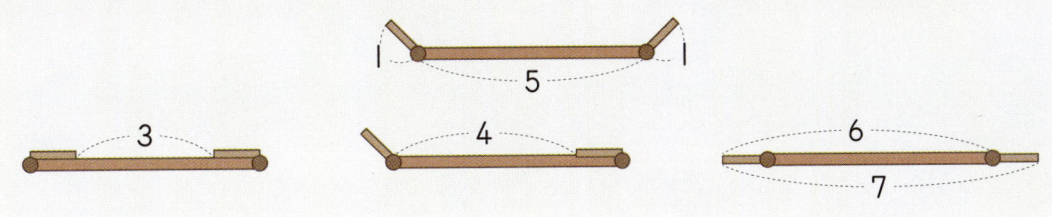

연결자

눈금 없는 막대를 연결해서 만든 자를 연결자라고 합니다. 연결자는 연결된 부분을 돌려서 사용할 수 있습니다. 다음 연결자로 길이를 재어 봅시다.

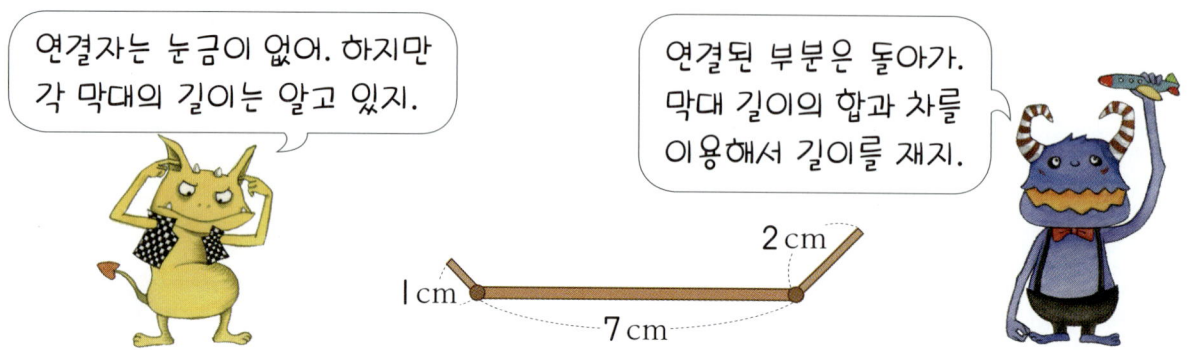

① 눈금 없는 막대 1개를 사용하면 1cm, 2cm, 7cm를 잴 수 있습니다. 다음은 눈금 없는 막대 2개를 사용하여 잰 길이입니다. ☐ 안에 알맞은 길이를 써넣으시오.

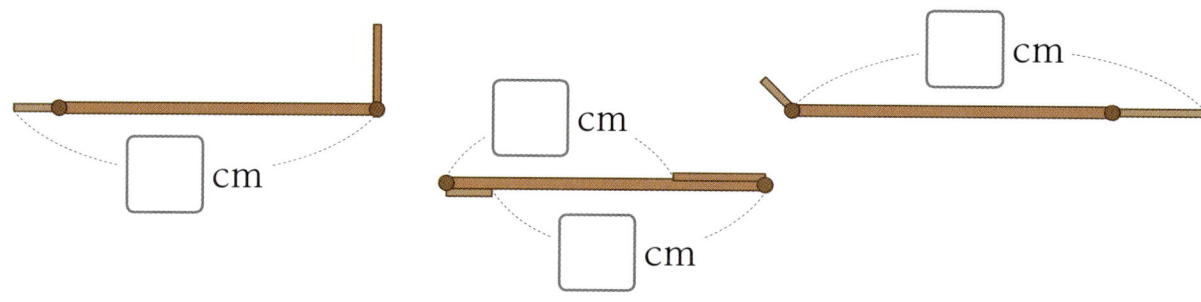

② 다음 길이를 눈금 없는 막대 3개를 사용하여 재는 방법을 그림으로 나타내시오.

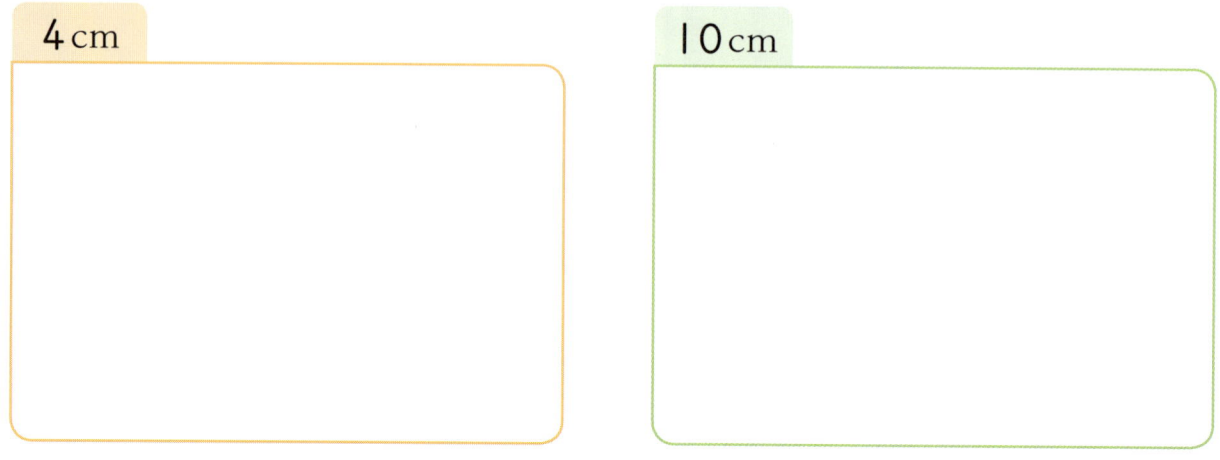

4 cm

10 cm

[연결자로 잴 수 있는 길이]
1 다음과 같은 연결자로 잴 수 있는 길이를 모두 쓰시오.

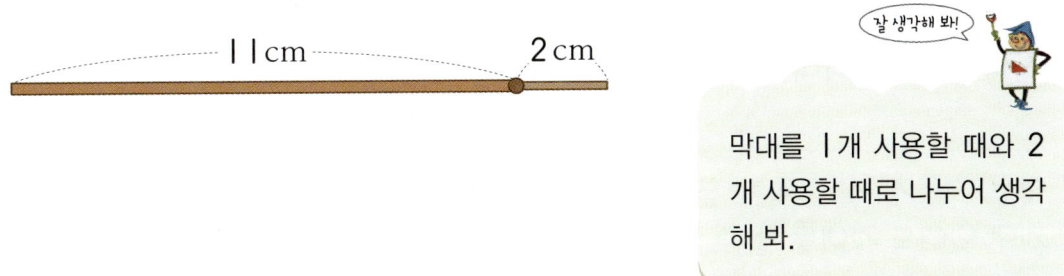

잘 생각해 봐!

막대를 1개 사용할 때와 2개 사용할 때로 나누어 생각해 봐.

[연결자로 길이 재기]
2 다음 연결자로 길이를 잴 수 없는 물건에 ◯표 하시오.

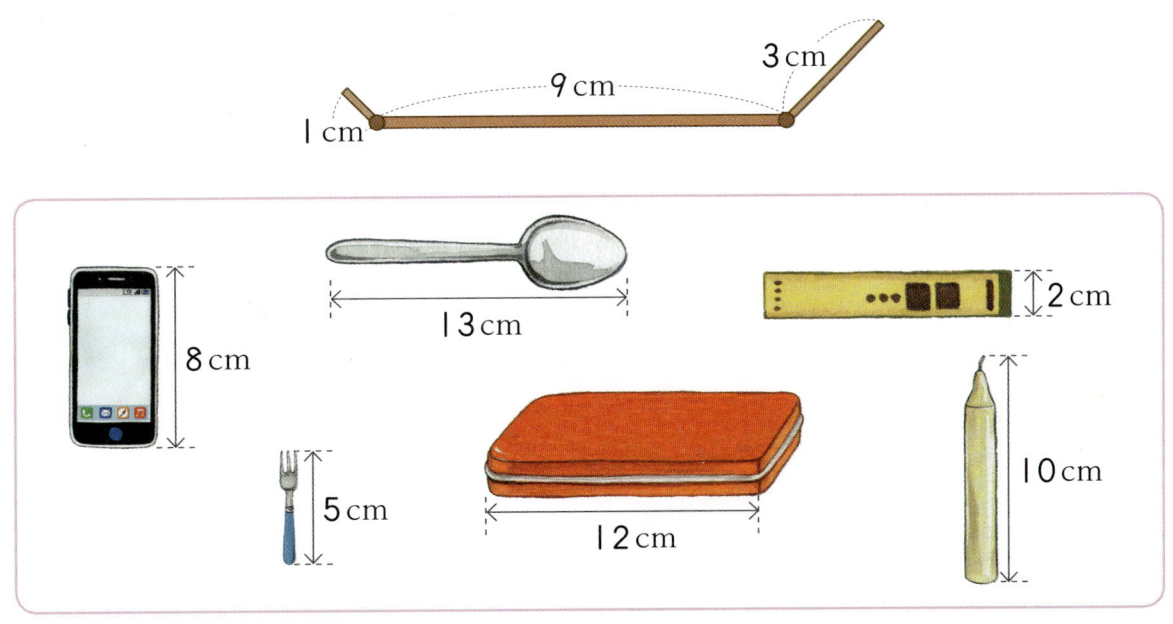

 **만능자**

1cm부터 자의 전체 길이까지 모두 잴 수 있는 자를 **만능자**라고 합니다.
다음은 5cm짜리 막대에 선 2개를 그어 1cm부터 5cm까지 모두 잴 수 있는 만능자를 만든 것입니다.

만능자는 참 신기해. 눈금이 2개만 있어도 길이를 잴 수 있어.

만능자는 길이의 덧셈을 이용하여 길이를 재지. 수학의 힘은 참 대단해.

다음 만능자에 1cm부터 5cm까지 길이를 재는 방법을 색칠하여 나타내시오.

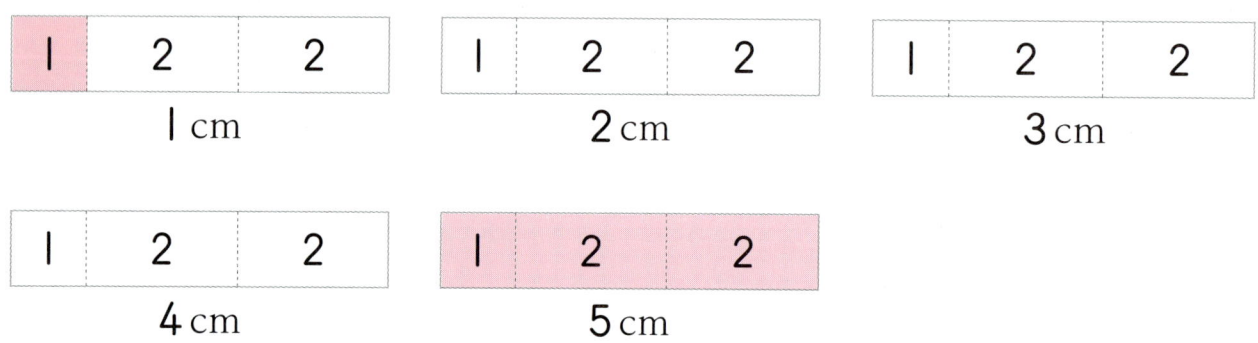

다음은 멍하니 요괴가 만든 잘못된 만능자입니다. 1cm부터 5cm까지의 길이 중 잴 수 없는 길이는 몇 cm입니까?

다른 방법으로 만능자를 만들었는데 뭐가 잘못된 거지?

1 다음은 6 cm짜리 만능자를 만든 것입니다. Ⅰcm부터 6 cm까지 길이를 재는 방법을 색칠하여 나타내시오.

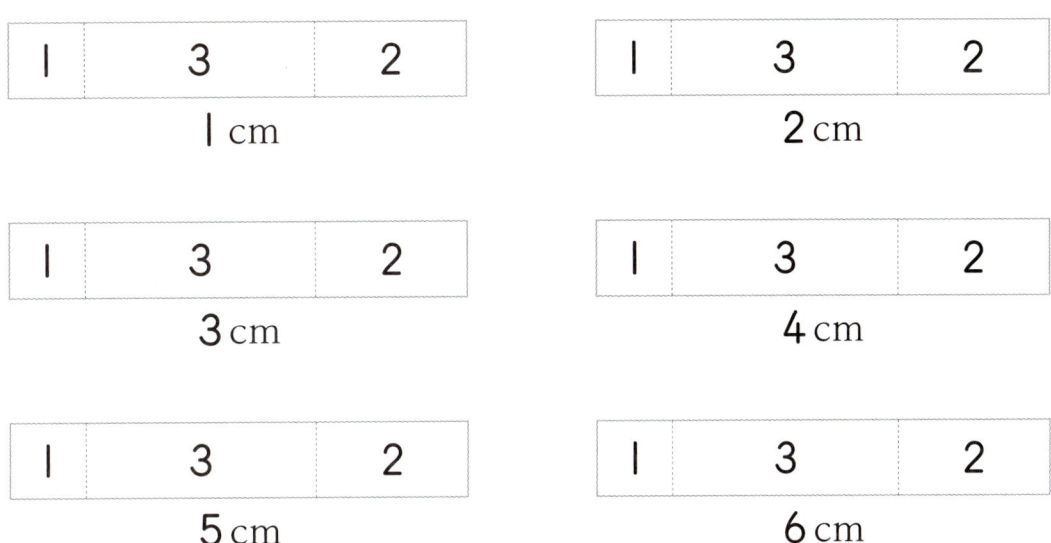

2 다음 두 자는 자의 전체 길이보다 짧은 길이 중 잴 수 없는 길이가 있습니다. 잴 수 없는 길이를 ⬚ 안에 써넣으시오.

[잘못된 만능자]

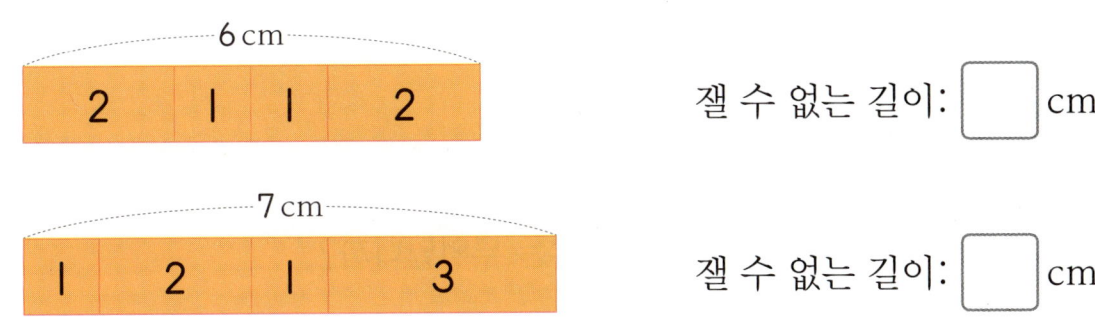

잴 수 없는 길이: ⬚ cm

잴 수 없는 길이: ⬚ cm

4 m 높이의 탑에 갇혀 있는 멍하니 요괴를 태경이와 초이가 꺼내 주기로 합니다.

밧줄을 받은 요괴는 밧줄을 서로 묶어 긴 줄을 만들고 밧줄 끝을 창틀에 묶었습니다.

태경이가 준 밧줄이 땅에 닿지 않은 이유는 무엇입니까?

줄을 창틀에 묶는 데 10 cm가 사용되고 줄끼리 매듭을 묶는 데 밧줄이 10 cm가 든다고 합니다. 멍하니 요괴가 안전하게 줄을 타고 내려오려면 80 cm짜리 밧줄은 몇 개가 필요합니까?

③ 테이프 2장을 1 cm씩 겹쳐서 이어 놓았습니다. 이어진 전체의 길이를 ☐ 안에 써넣으시오.

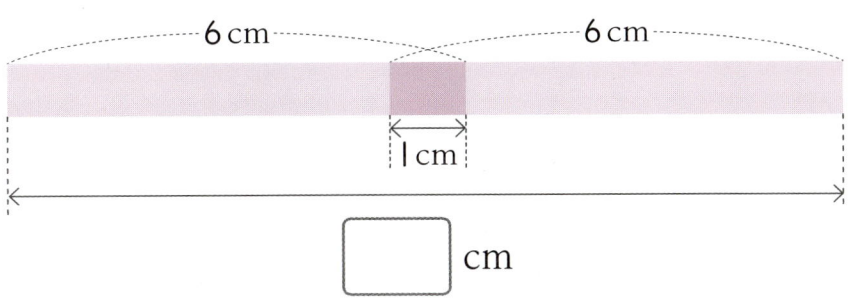

☐ cm

테이프를 겹쳤을 때, 테이프의 전체 길이는 겹친 부분의 길이를 뺀 각 테이프의 길이를 더하여 구하거나 겹치기 전의 전체 길이에서 겹친 부분의 길이를 한번에 빼서 구합니다.

1 m 길이의 테이프 3개를 10 cm씩 겹쳤을 때
• 겹친 부분의 길이를 뺀 각 테이프의 길이 더하기

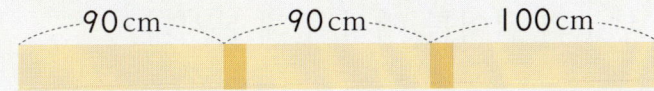

전체 길이:
$90+90+100=280$(cm)

• 테이프의 총 길이에서 겹친 부분의 길이 한 번에 빼기

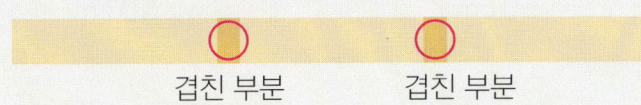

전체 길이:
$10+10=20$(cm)
$300-20=280$(cm)

두 막대의 길이의 합과 차를 알 때는 긴 막대를 짧은 막대로 바꾸어서 생각합니다.

길이의 차가 20 cm, 길이의 합이 100 cm인 두 막대의 길이 구하기

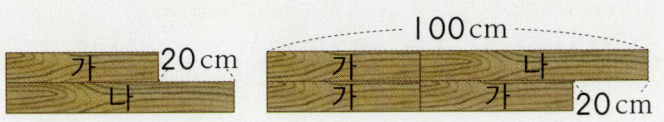

막대 가의 길이:
80 cm의 절반인 40 cm
막대 나의 길이:
(막대 가의 길이)+20=60(cm)

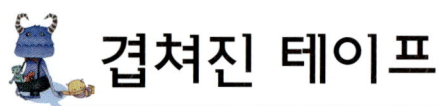 **겹쳐진 테이프**

초이가 50 cm 길이의 두 가지 색 테이프를 10 cm씩 겹쳐 이어 붙이려고 합니다. 색 테이프 6개를 붙일 때, 색 테이프 전체 길이를 구해 봅시다.

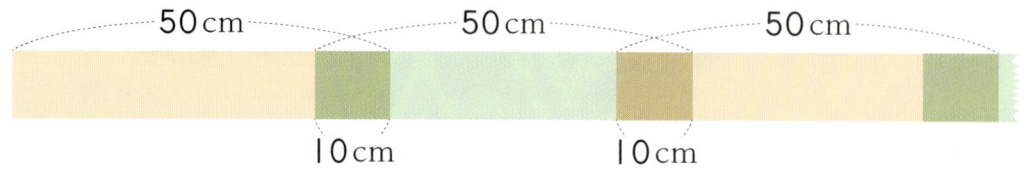

❶ 색 테이프 1개에서 겹쳐진 부분의 길이를 빼서 전체 길이를 구해 봅시다.

❶ 그림의 ☐ 안에 알맞은 수를 써넣으시오.

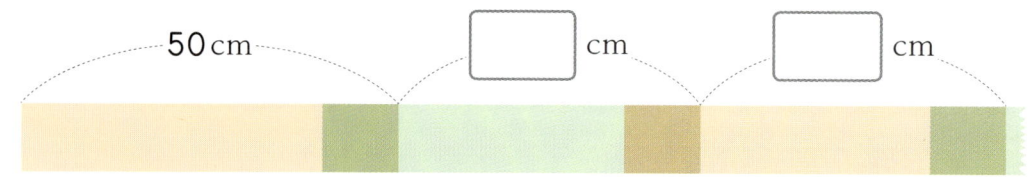

❷ 색 테이프 6개를 붙인 전체 길이를 구하시오.

❷ 겹치기 전의 길이에서 겹쳐진 부분의 길이를 빼서 구해 봅시다.

❶ 겹치지 않고 색 테이프 6개를 이어 놓으면 전체 길이는 몇 cm입니까?

❷ 색 테이프 6개를 이어 붙이려면 10 cm씩 겹치게 몇 번 붙여야 합니까?

❸ 겹치기 전의 길이에서 겹쳐진 부분의 길이를 빼서 겹친 후의 전체 길이를 구하시오.

[전체 거리]

1 버스 정류장에서 태경이네 집까지 가는 거리를 나타낸 것입니다. 버스 정류장에서 태경이네 집까지의 거리는 몇 m입니까?

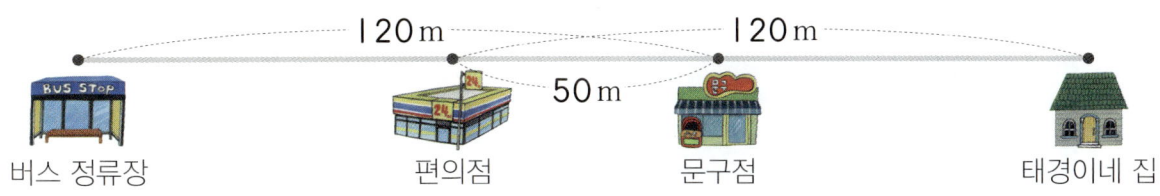

[이어 놓은 빨대]

2 길이가 10 cm인 빨대를 3 cm씩 겹치도록 이어 놓았습니다. 빨대의 겹쳐진 부분이 5군데라면 이어 놓은 빨대 전체의 길이는 몇 cm입니까?

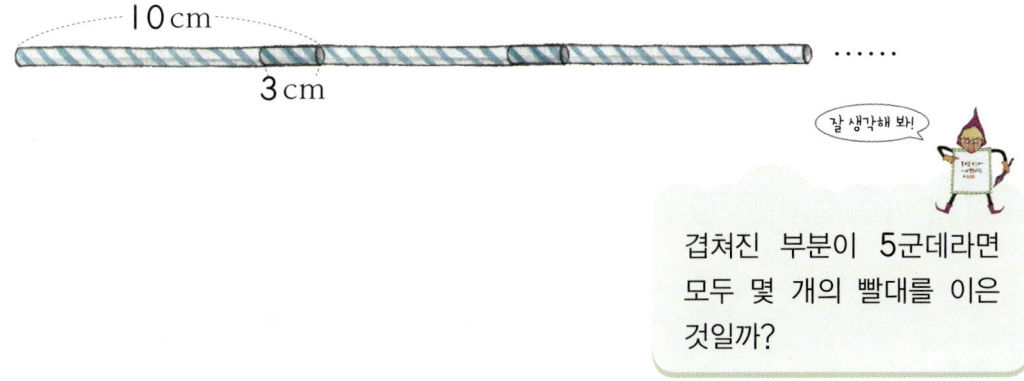

겹쳐진 부분이 5군데라면 모두 몇 개의 빨대를 이은 것일까?

 # 막대 길이의 합과 차

두 막대를 이어 붙이면 160 cm이고, 옆으로 대어서 비교하면 차가 30 cm인 막대가 있습니다. 두 막대의 길이를 구해 봅시다.

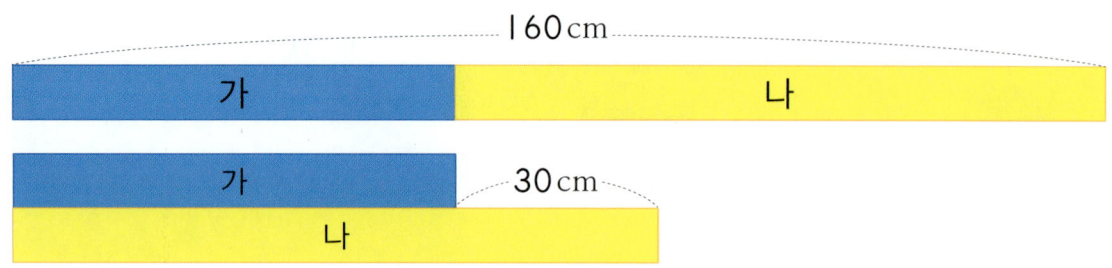

❶ 다음과 같이 두 막대 길이의 차를 나타낸 그림을 옮겼습니다. 막대 **가**를 2개 이어 붙인 길이를 ☐ 안에 써넣으시오.

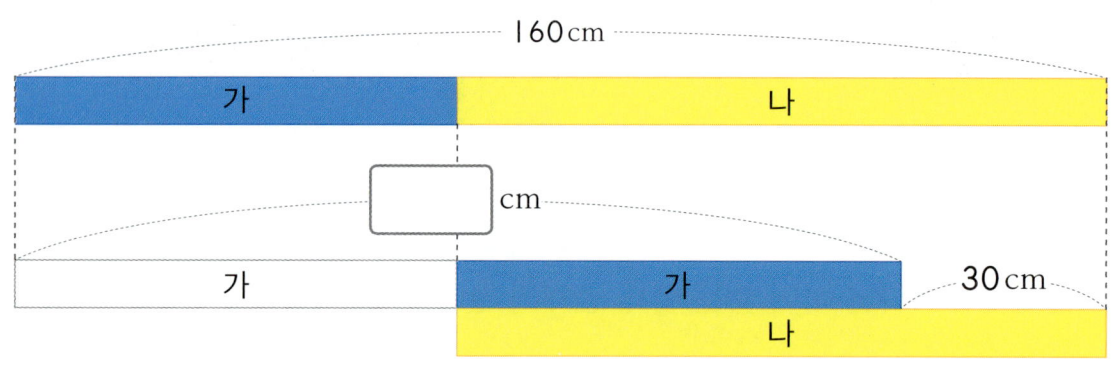

❷ 막대 **가**의 길이는 몇 cm입니까?

두 막대의 차를 나타낸 그림을 그대로 옆으로 옮겼군.

❸ 막대 **나**의 길이는 몇 cm입니까?

[통나무의 길이]

1 길이가 다른 통나무 2개가 있습니다. 이 통나무 2개를 옆으로 이어 놓았을 때의
길이가 36 cm라면 긴 통나무는 몇 cm입니까?

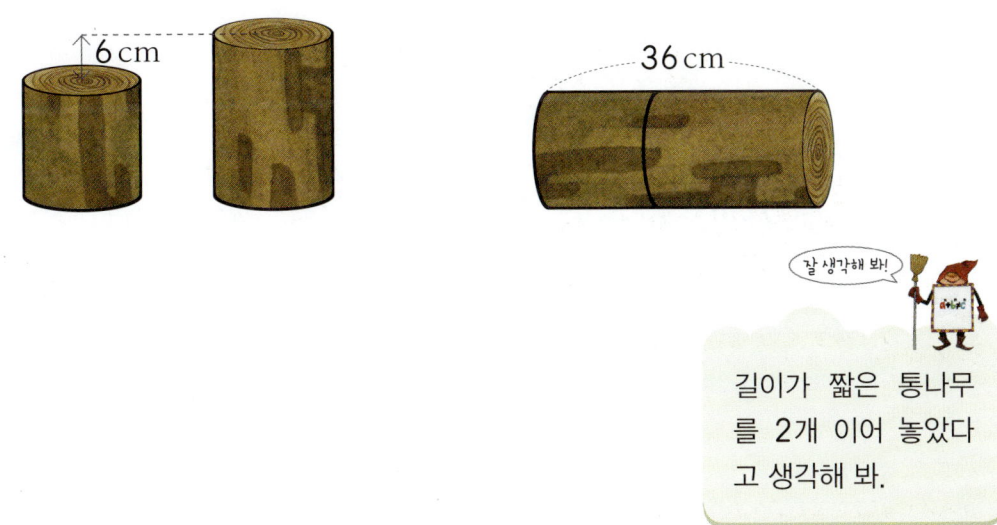

잘 생각해 봐!

길이가 짧은 통나무
를 2개 이어 놓았다
고 생각해 봐.

[두 사람의 키]

2 태경이는 초이보다 8 cm 더 크고 둘의 키를 더하면 248 cm입니다. 두 사람
의 키를 각각 구하시오.

태경   초이

태경: ⬚ cm   초이: ⬚ cm

1 고리 10개를 다음과 같이 연결해 놓았습니다. 연결한 고리의 전체 길이를 구하시오.

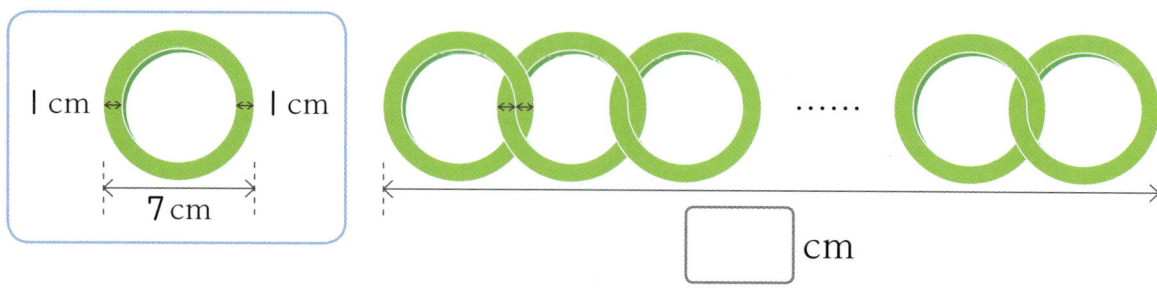

cm

2 길이가 다른 노란색과 파란색 종이가 있습니다. 파란색 종이의 긴 쪽의 길이는 몇 cm입니까?

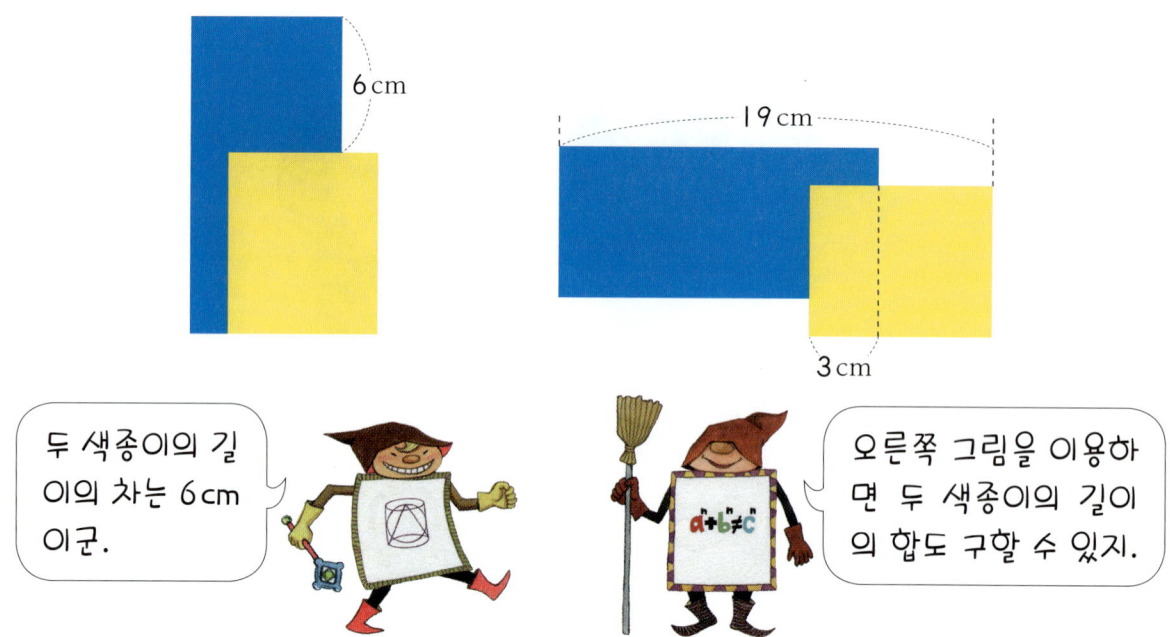

두 색종이의 길이의 차는 6 cm 이군.

오른쪽 그림을 이용하면 두 색종이의 길이의 합도 구할 수 있지.

3 눈금이 지워진 자로 1cm부터 10cm까지의 길이를 잴 때, 잴 수 없는 길이를 모두 더한 값을 구하시오.

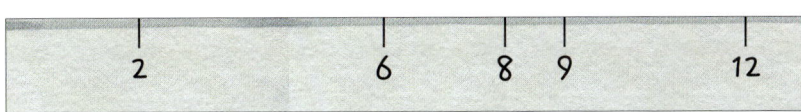

4 다음 연결자의 왼쪽 끝에 막대를 하나 더 달았을 때 1cm부터 10cm까지 중에서 잴 수 있는 길이를 나타낸 것입니다. 왼쪽 끝에 연결할 막대의 길이를 구하시오.

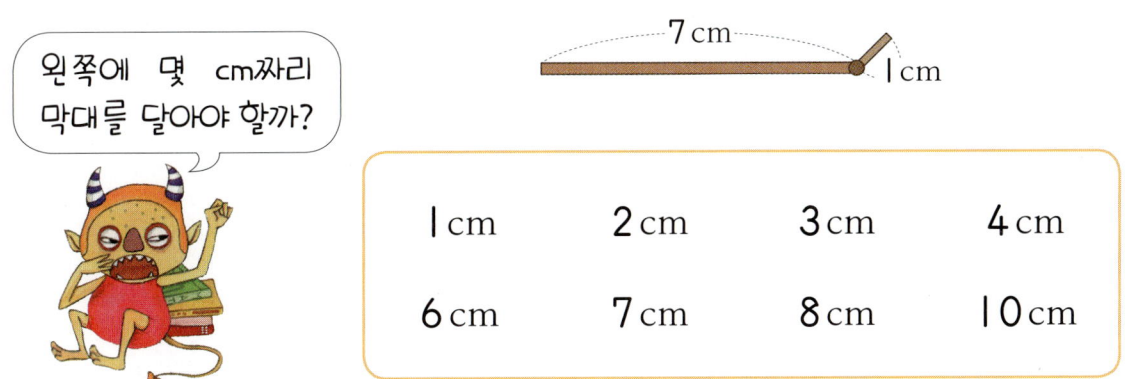

왼쪽에 몇 cm짜리 막대를 달아야 할까?

| 1 cm | 2 cm | 3 cm | 4 cm |
| 6 cm | 7 cm | 8 cm | 10 cm |

Chapter 3

시각과 시간

7 시간과 시계

'시간은 금이다'와 같이 시간과 관련된 속담은 아주 많습니다. 다음 속담과 뜻을 보고 시간의 의미에 대해 생각해 봅시다.

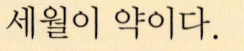

| 세월이 약이다. | → | 시간이 지나면 아프고 속상한 일도 자연스럽게 잊혀진다. |

| 서당개 삼 년이면 풍월을 읊는다. | → | 서당에서 기르는 개도 글 읽는 소리를 계속 들으면 풍월을 읊는다는 뜻으로 어떤 분야에 대해 잘 모르는 사람도 시간이 오래되면 얼마간의 경험과 지식을 갖게 된다. |

🕐 ☐ 안에 알맞은 수를 써넣으시오.

| 시간= ☐ 분

| 시간 50분= ☐ 분

85분= ☐ 시간 ☐ 분

| 50분= ☐ 시간 ☐ 분

| 일= ☐ 시간

2일 6시간= ☐ 시간

🕐 시계를 보고 ☐ 안에 알맞은 수를 써넣으시오.

7시 ☐ 분 전

| 0시 ☐ 분 전

노크 포인트

0시부터 낮 | 2시까지를 오전이라 하고 낮 | 2시부터 밤 | 2시까지를 오후라고 합니다.

오전: 0시~낮 | 2시   오후: 낮 | 2시~밤 | 2시
| 일=24시간 | 시간=60분

하루가 넘는 시간을 구할 때는 24시간씩 몇 번이 지나갔는지 계산한 다음, 남은 시간을 계산합니다.

오늘 오후 3시부터 2일 후 오후 8시까지의 시간 구하기

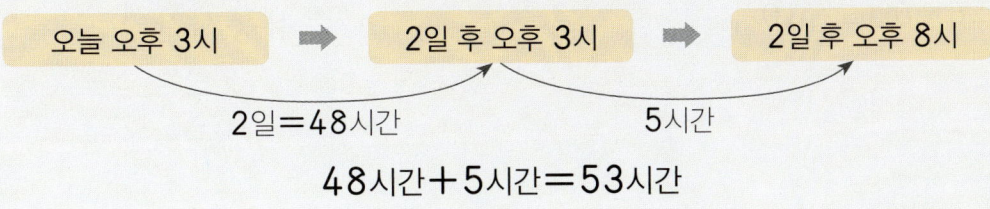

48시간＋5시간＝53시간

시간 구하기

음식이 만들어진 날을 제조일이라고 하고, 음식을 안전하게 판매할 수 있는 마지막 날을 유통기한이라고 합니다. 제조일로부터 유통기한까지 음식의 유통시간을 계산해 보시오.

제 조 일: 6월 2일 오전 10시
유통기한: 6월 4일 오후 6시

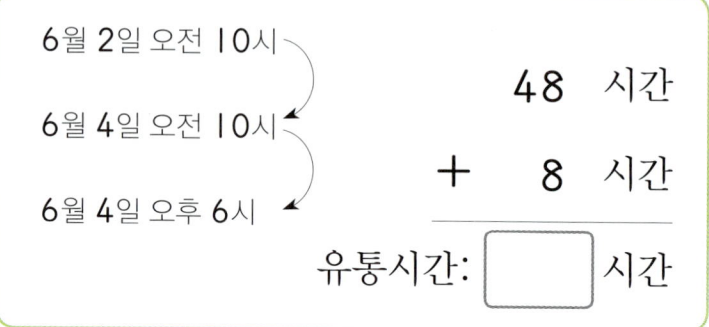

6월 2일 오전 10시
6월 4일 오전 10시   48 시간
6월 4일 오후 6시   + 8 시간

유통시간: ☐ 시간

제 조 일: 6월 1일 오후 6시
유통기한: 6월 5일 오전 8시

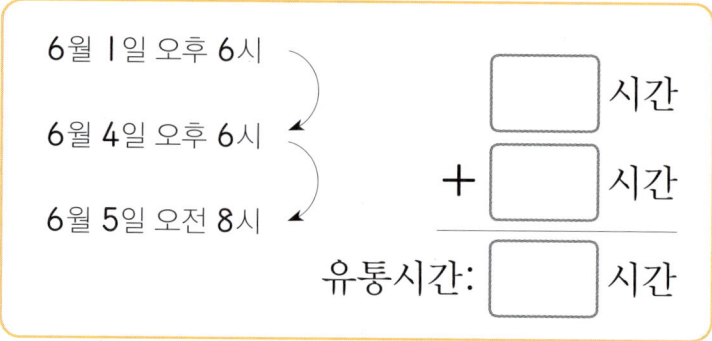

6월 1일 오후 6시
6월 4일 오후 6시   ☐ 시간
6월 5일 오전 8시   + ☐ 시간

유통시간: ☐ 시간

제 조 일: 6월 1일 오후 2시
유통기한: 6월 6일 오전 10시

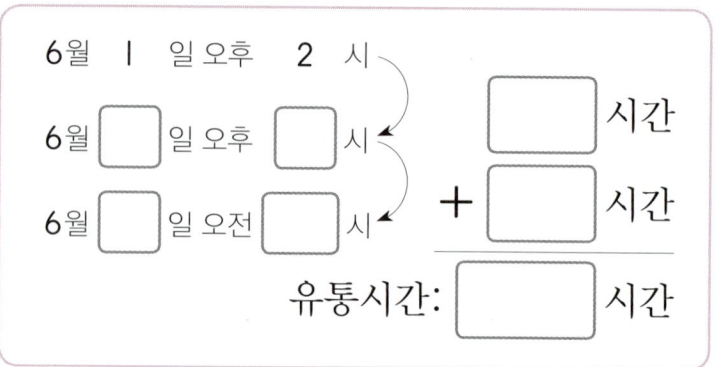

6월 1 일 오후 2 시
6월 ☐ 일 오후 ☐ 시   ☐ 시간
6월 ☐ 일 오전 ☐ 시   + ☐ 시간

유통시간: ☐ 시간

[산책한 시간]

1 초이는 부모님과 근처 공원에 산책을 다녀왔습니다. 출발한 시각과 집에 돌아온 시각이 다음과 같을 때, 초이가 부모님과 산책한 시간은 몇 시간 몇 분인지 구하시오.

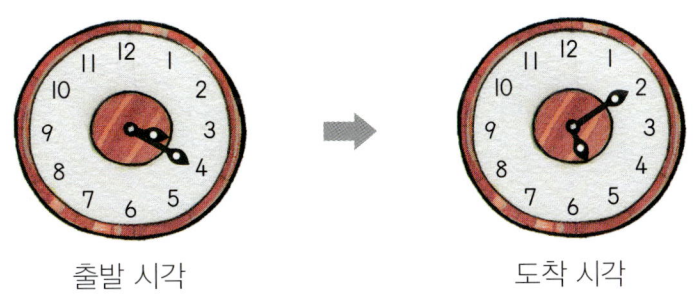

출발 시각   도착 시각

[소풍까지 남은 시간]

2 지오네 학교에서는 며칠 뒤 놀이공원으로 소풍을 가기로 되어 있습니다. 소풍은 5월 14일 오전 10시에 학교에서 모두 모여 출발한다고 합니다.

① 지금이 5월 13일 오전 10시라면 소풍을 출발하기까지 지오가 기다려야 하는 시간을 구하시오.

② 지금이 5월 12일 오후 7시라면 소풍을 출발하기까지 지오가 기다려야 하는 시간을 구하시오.

이것도 몰라!

시각이 오전인지 오후인지 구별하지 못하겠지.

🦔 시곗바늘이 겹쳐지는 때

하루 동안 12시 정각과 같이 시계의 긴바늘과 짧은바늘이 만나서 겹쳐지는 경우는 모두 몇 번인지 알아봅시다.

12시

❶ 12시를 지나면서 긴바늘이 먼저 돌기 시작해서 1시가 될 때까지 긴바늘과 짧은바늘은 만나지 않습니다.

❷ 1시 이후 2시 정각이 될 때까지 긴바늘과 짧은바늘은 몇 번 만납니까?

❸ 정각을 지나서 다음 정각이 될 때까지 긴바늘과 짧은바늘이 몇 번 만나는지 다음 표를 완성하시오.

시간	12시 이후 1시까지	1시 이후 2시까지	2시 이후 3시까지	3시 이후 4시까지	4시 이후 5시까지	5시 이후 6시까지
횟수	0					

시간	6시 이후 7시까지	7시 이후 8시까지	8시 이후 9시까지	9시 이후 10시까지	10시 이후 11시까지	11시 이후 12시까지
횟수						1

❹ 하루 동안 시계의 긴바늘과 짧은바늘은 모두 몇 번 겹쳐집니까?

잘 생각해 봐!

시계는 오전, 오후 12시간이 2번 반복돼.

[앞뒤가 똑같은 시각]

1 아인이네 집에 있는 디지털 시계가 오전 9시 I2분을 가리키고 있습니다. 같은 날 오후 9시까지 시와 분을 나타내는 숫자가 똑같은 경우는 모두 몇 번 있습니까?

12:12 처럼 몇 시와 몇 분이 똑같은 경우를 말하는 거야. 그럼 오전 9시 I2분 다음으로 숫자가 똑같은 시각이 언제일까?

[일직선인 시곗바늘]

2 그림과 같이 긴바늘과 짧은바늘이 일직선이 되는 경우가 있습니다. 오후 3시부터 오후 7시까지 두 바늘이 일직선이 되는 경우는 몇 번 있습니까?

긴바늘과 짧은바늘이 6시에 일직선이 된다는 사실을 알지 못할 걸?

실례지만 지금 시간이 어떻게 되나요?

지금 시간은 3시 30분이에요.

저 두 사람은 시간과 시각을 잘못 사용하고 있군.

時
때 시

시간(時間)이라고 하면 얼마 동안이라는 뜻이 된다고.

刻
새길 각

맞아. 몇 시인지 물어볼 때는 '한 순간의 때'를 나타내는 시각(時刻)이라고 해야지.

間
사이 간

시각은 '지금은 1시 20분입니다.'와 같이 한 순간의 때를 의미하고, 시간은 '영화를 1시간 20분 동안 보았어.'와 같이 얼마 동안을 의미합니다.

다음 글에서 잘못 사용한 말을 모두 찾아 △표 하시오.

어제는 줄넘기를 했다. 줄넘기를 시작한 시간은 1시 30분이었고, 끝난 시간은 3시였다. 1시 30분 동안 줄넘기를 했더니 피곤해서 낮잠을 잤다. 일어나서 시계를 보니 5시 40분이었다.

 밑줄 친 부분이 시각을 나타내면 '시각', 시간을 나타내면 '시간'이라고 쓰시오.

아인이는 2시 20분에 집에서 나와 20분 후에 서점에 도착하였습니다.

□ □

서점에서 1시간 10분간 책을 보고 집에 오니 5시 30분이 되었습니다.

□ □

노크 포인트

시간을 구할 때는 끝나는 시각에서 시작 시각을 빼서 계산합니다.

① 끝나는 시각의 분이 시작 시각의 분보다 작다면 시를 나타내는 수에서 60을 빌려옵니다.

5시 49분에서 9시 32분까지의 시간 구하기

$$
\begin{array}{r}
\overset{8}{\cancel{9}}시 \quad \overset{60}{}32분 \\
- \quad 5시 \quad 49분 \\
\hline
3시간 \quad 43분
\end{array}
$$

② 오전의 시각에서 오후의 시각까지의 시간을 구할 때는 시각을 24시로 바꾸어서 계산할 수도 있고, 12시를 기준으로 나누어서 계산할 수도 있습니다.

오전 10시 23분에서 오후 5시 38분까지의 시간 구하기

오후 5시 38분을 17시 38분으로 바꾸어 계산합니다.

$$
\begin{array}{r}
17시 \quad 38분 \\
- \quad 10시 \quad 23분 \\
\hline
7시간 \quad 15분
\end{array}
$$

12시에서 10시 23분을 빼고, 오후의 시각을 더합니다.

$$
\begin{array}{r}
\overset{11}{\cancel{1}}\overset{60}{2}시 \\
- \quad 10시 \quad 23분 \\
\hline
1시간 \quad 37분
\end{array}
\qquad
\begin{array}{r}
1시간 \quad 37분 \\
+ \quad 5시 \quad 38분 \\
\hline
7시간 \quad 15분
\end{array}
$$

시각과 시간 구하기

TV 프로그램 시간표를 보고 시각과 시간을 구해 봅시다.

EBS 프로그램 시간표

시작 시각	프로그램
오전 8시 20분	한국의 전통놀이
8시 50분	세계 여행
9시 30분	다큐 학교
10시 45분	명화극장
오후 12시 35분	주말 만화

* 각 프로그램이 끝나면 5분 동안 광고가 나갑니다.

❶ 각 프로그램은 다음 프로그램이 시작하기 5분 전에 끝납니다. '명화극장'이 끝나는 시각은 오후 몇 시 몇 분입니까?

❷ '명화극장'이 방영되는 시간을 식을 완성하여 구하시오.

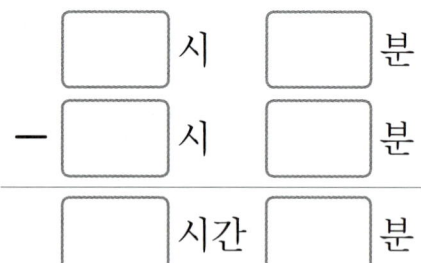

시간은 어떤 일이 끝난 시각에서 시작한 시각을 빼서 구할 수 있어.

❸ '명화극장'이 시작하기 2시간 20분 전에 방영되고 있는 프로그램은 무엇입니까?

1 아인이는 할아버지와 함께 마술 공연을 보러 왔습니다. 마술 공연은 ㅣ시간 20분 동안 하고 30분을 쉰 후 다음 공연을 합니다. 다음 물음에 답하시오.

환상적인 마술 공연을 보러 오렴.

❶ 빈칸에 알맞은 시각을 써넣어 시간표를 완성하시오.

회차	공연 시작 시각	공연 종료 시각
ㅣ	오전 9시	오전 ㅣ0시 20분
2		
3		
4		

❷ 아인이가 보려고 하는 마술 공연은 3회차 공연입니다. 표를 공연 시작 2시간 40분 전에 구입하였다면 표를 구입한 시각은 언제입니까?

잘 생각해 봐!

3회 공연의 시작 시각은 오후란다.

낯과 밤의 길이

다음은 어느 해 1월 1일 서울과 시드니의 해 뜨는 시각과 해 지는 시각을 나타낸 표입니다. 두 도시의 낮의 길이를 구해 봅시다.

시드니는 호주에 있어.

1월 1일이면 서울은 겨울이고, 시드니는 여름이야.

도시	해 뜨는 시각	해 지는 시각
서울	오전 7:50	오후 5:20
시드니	오전 5:50	오후 8:10

❶ 하루의 시각을 24시로 나타내면 오후의 시각은 12시간을 더해 주면 됩니다. 시드니의 해 지는 시각을 24시로 나타내시오.

도시	해 뜨는 시각	해 지는 시각
서울	7:50	17:20
시드니	5:50	:

잘 생각해 봐!

오후 8:10에 12시간을 더해 주면 돼.

❷ 낮의 길이는 해 지는 시각에서 해 뜨는 시각을 빼서 구합니다. ☐ 안에 알맞은 수를 써넣으시오.

서울의 낮의 길이

$$
\begin{array}{r}
17\ 시\ \quad 20\ 분 \\
-\ \boxed{}\ 시\ \quad 50\ 분 \\
\hline
\boxed{}\ 시간\ \boxed{}\ 분
\end{array}
$$

시드니의 낮의 길이

$$
\begin{array}{r}
\boxed{}\ 시\ \quad \boxed{}\ 분 \\
-\ \boxed{}\ 시\ \quad \boxed{}\ 분 \\
\hline
\boxed{}\ 시간\ \boxed{}\ 분
\end{array}
$$

[해가 지는 시각]

1 오늘 아침의 해 뜨는 시각은 5시 10분입니다. 오늘 낮의 길이가 14시간 40분이라면 해가 지는 시각은 오후 몇 시 몇 분인지 구하시오.

일출

일몰

[밤의 길이]

2 하루의 낮과 밤의 길이는 매일 조금씩 달라집니다. 다음은 해가 뜨는 시각과 해가 지는 시각을 나타낸 표입니다. 낮의 길이가 가장 짧은 날의 밤의 길이를 구하시오.

날짜	해 뜨는 시각	해 지는 시각
12월 20일	오전 7시 42분	오후 5시 16분
12월 21일	오전 7시 43분	오후 5시 16분
12월 22일	오전 7시 43분	오후 5시 17분

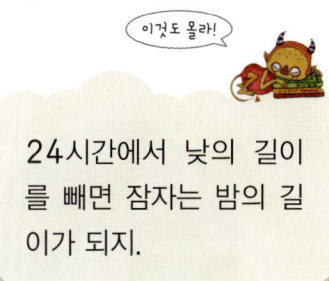

이것도 몰라!

24시간에서 낮의 길이를 빼면 잠자는 밤의 길이가 되지.

9 시차

영국에 살던 필리어스 포그는 친구들과 80일만에 지구 한 바퀴를 돌아 영국으로 다시 돌아온다는 내기를 하였습니다.

80일 만에 지구 한 바퀴를 돌아 다시 여기로 올 수 있어.

포그가 제정신이 아니야. 그건 불가능해.

아쉽게도 포그는 81일이 걸려서야 지구를 한 바퀴 돌아 친구들과의 약속 장소에 나타나게 됩니다. 그런데 영국의 날짜는 그가 떠난 날로부터 80일이 지난 날이었습니다.

오늘이 81일째군. 하루가 늦어 내기에 졌어.

아니야, 포그. 자네는 정말 80일만에 돌아왔어. 자네가 이겼어.

위 이야기는 「80일간의 세계 일주」라는 소설의 줄거리입니다. 포그는 81일이 걸려서 지구 한 바퀴를 돌았다고 생각했지만 사실 80일이 걸린 이유는 동쪽으로 돌았기 때문입니다.

해가 늦게 뜬다.

해가 빨리 뜬다.

동쪽은 서쪽보다 해가 먼저 뜨기 때문에 동쪽으로 계속 가게 되면 아침이 점점 빨라지고 지구를 한 바퀴 돈 포그는 영국에 사는 사람보다 해 뜨는 것을 한 번 더 본 것이 됩니다.

만약, 포그가 서쪽으로 지구를 한 바퀴 돌았다면 며칠 동안 세계 일주를 했다고 생각했을까요?

세계의 시각은 영국의 그리니치 천문대를 기준으로 정해진 것으로 각 나라의 시각은 나라의 위치에 따라 다릅니다. 다음은 각 나라의 현재 시각을 나타낸 것입니다. 영국을 기준으로 각 나라의 시각이 얼마나 빠르고 느린지 쓰시오. 단, 모든 나라의 날짜는 같습니다.

영국(오전)

한국(오후)

미국 뉴욕(오전)

중국 베이징
(오후)

브라질(오전)

영국이 오전 10시, 한국이 오후 7시이니 한국이 무려 9시간이 빠르군. 미국은 오전 5시야. 잠잘 시간이군.

한국	9시간 빠름
미국 뉴욕	5시간 느림
중국 베이징	
브라질	

노크 포인트

시차는 둥글게 생긴 지구가 돌고 있기 때문에 생깁니다. 지구는 동쪽으로 돌고 있기 때문에 해가 동쪽에서 먼저 뜨는 것입니다.

시차를 계산할 때는 두 지역 중 시각이 빠른 지역에서 시차를 빼면 느린 지역의 시각이 되고, 반대로 시각이 느린 지역에서 시차를 더하면 빠른 지역의 시각이 됩니다.

한국 : 오후 7시
영국 : 오전 10시
→ 한국이 9시간 빠름
한국이 오전 5시일 때
영국 : 오전 5시 − 9시간 = 하루 전 오후 8시

세계의 시각

초이는 영국에 살고 있는 친구 소영이에게 메시지를 받았습니다. 메시지를 본 초이는 친구 소영이가 있는 런던의 시각이 궁금해졌습니다.

초이는 인터넷을 검색하여 다음과 같은 표를 찾았습니다.

한국	영국 런던	미국 LA
11월 2일 오후 10시	11월 2일 오후 1시	11월 2일 오전 5시

❶ 한국이 오후 10시이면 런던은 오후 1시입니다. 한국이 오후 9시이면 런던은 정오(낮 12시)가 됩니다. 한국이 오후 8시이면 런던은 몇 시가 됩니까?

❷ 초이가 메시지를 본 시각은 오후 5시입니다. 영국 런던은 몇 시입니까?

1 서울, 영국 런던, 캐나다 벤쿠버의 시각을 비교한 것입니다.

> 서울: 런던보다 **9**시간 빠릅니다.
> 런던: 벤쿠버보다 **8**시간 빠릅니다.

잘 생각해 봐!

서울은 벤쿠버보다 몇 시간 빠르지?

현재 서울 시각이 오후 ㅣㅣ시라면 벤쿠버는 몇 시입니까?

캐나다 벤쿠버   서울

[통화 가능한 도시]
2 지오는 삼촌이 다니는 회사에 견학을 갔다가 세계 주요 도시의 현재 시각을 보았습니다. 서울에서 오후 2시에 전화를 할 수 없는 도시 이름을 쓰시오. 단, 모든 나라의 날짜는 같습니다.

주의사항
각 도시의 현지 시각이 오전 **8**시부터 오후 **7**시까지만 전화를 할 수 있습니다.

서울(오후)

두바이(오후)

파리(오전)

모스크바(오후)

 # 시차 이용하여 시간 구하기

태경이 삼촌은 내일 이탈리아 로마로 처음으로 해외 출장을 갑니다.

이탈리아가 꽤 가까운 걸. 비행기로 2시간 거리야.

태경이 삼촌

비행기 표

인천 ➡ 로마

출발: 인천 오전 9시(한국 시각)
도착: 로마 오전 11시(로마 시각)

삼촌, 시차를 생각하셔야 해요.

태경

❶ 다음은 오늘 현재 서울과 로마의 시각입니다. 서울과 로마의 시차를 구하시오.

서울	로마
오후 4시	오전 8시

❷ 출발 시각인 오전 9시는 한국 시각입니다. 로마 시각으로는 몇 시입니까?

❸ 서울에서 로마까지 비행기는 몇 시간 타야 합니까?

[메이저리그 야구 경기]

1 아인이는 미국 메이저리그 야구 경기를 자주 보기 때문에 미국 텍사스에서 하는 야구 경기의 날짜와 경기 시각을 한국 시각으로 바꾸어 표로 만들어 두었습니다. 나머지 빈칸을 채우시오.

미국 텍사스		한국	
날짜	경기 시각	날짜	경기 시각
4월 9일	오후 8시	4월 10일	오전 11시
4월 15일		4월 16일	오전 8시
4월 23일	오후 1시	4월 24일	

이것도 몰라!

먼저 미국 텍사스와 한국의 시차를 구해야 한다는 것을 모를 거야.

[아르헨티나의 시각]

2 아르헨티나는 서울보다 12시간이 느립니다. 인천공항에서 4월 5일 오후 4시에 출발한 비행기가 총 25시간이 걸려 아르헨티나에 도착하였습니다. 비행기가 도착한 아르헨티나의 현지 날짜와 시각을 구하시오.

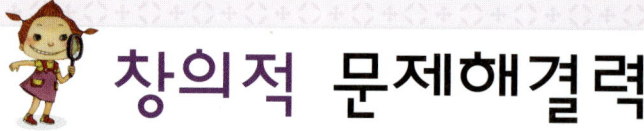

창의적 문제해결력

1 태경이는 KTX를 타고 서울에서 출발하여 부산에 오후 1시 40분에 도착하였습니다. 다음 날 부산에서 KTX를 타고 서울에 오후 4시 10분에 도착하려면 몇 시 몇 분에 KTX를 타야 합니까? 단, 서울에서 부산까지 가는 데 걸리는 시간과 부산에서 서울까지 오는 데 걸리는 시간은 같습니다.

> **KTX 승차권**
>
> 서울 ▶ 부산
>
> 출발시각 11시 20분
> 좌석번호 10D
>
> **요금 58,800원**

2 어느 날 낮의 길이가 밤의 길이보다 1시간 16분이 더 길었습니다. 이 날 낮의 길이는 몇 시간 몇 분입니까?

3 합창단원인 초이는 오전 10시 20분부터 합창 연습을 하고 1시간 동안 점심을 먹었습니다. 점심 식사 후 다시 오후 연습을 하였습니다. 오후 연습이 끝난 시각이 3시 20분이고 오전 연습보다 오후 연습이 40분 길었다면 오후 연습이 시작된 시각을 구하시오.

시작

끝

4 중국 베이징은 일본 도쿄보다 1시간이 느리고, 호주 시드니보다는 2시간이 빠릅니다. 다음 시계를 보고 각 나라와 도시의 이름을 써넣으시오. 단, 시계는 모두 오전을 나타냅니다.

달력

일주일, 한 달, 일 년

옛날 사람들은 다음 **7**개의 천체가 지구 가까이에 있다고 믿었습니다. 각 요일의 이름인 일요일(태양), 월요일(달), 화요일(화성), 수요일(수성), 목요일(목성), 금요일(금성), 토요일(토성)을 천체의 이름에서 따서 붙였습니다.

지구가 스스로 도는 것을 자전이라고 하고, 태양 주위를 도는 것을 공전이라고 합니다. 지구가 스스로 한 바퀴 도는 데 몇 시간이 걸릴까요?

지구가 태양 주위를 한 바퀴 도는 데 몇 년이 걸릴까요?

🔘 ☐ 안에 알맞은 수를 써넣으시오.

| 주일 = ☐ 일 | 년 = ☐ 개월

3주일 = ☐ 일   2년 3개월 = ☐ 개월

35일 = ☐ 주일   22개월 = ☐ 년 ☐ 개월

🔘 어느 해 4월의 달력입니다. 4월 2일과 같은 요일인 날짜를 모두 쓰시오.

4월

일	월	화	수	목	금	토
			1	2	3	4
5	6	7	8	9	10	11
12	13	14	15	16	17	18
19	20	21	22	23	24	25
26	27	28	29	30		

노크 포인트

하루는 24시간이고, |주일은 7일입니다.

일	월	화	수	목	금	토
1	2	3	4	5	6	7
8	9	10	11	12	13	14

➡ 같은 요일은 7일에 한 번씩 반복됩니다.

|년은 |2개월, 365일입니다. |년은 지구가 태양 주위를 한 바퀴 도는 시간으로 정하였는데 정확하게 365일보다 조금 깁니다. 그래서 4년에 한 번씩은 366일인 달력을 사용하고 있습니다.

날짜 구하기

태경이의 어머니는 휴대 전화에 기념일이 얼마나 남았는지 표시하는 어플을 깔았습니다. 휴대 전화 화면에는 남은 기간이 다음과 같이 표시됩니다.

기념일	남은 기간
남편 생일	1주 4일
태경이 생일	6개월
내 생일	8개월 2주 3일
결혼 15주년	13개월

8/3(수) 오전 10:32

❶ 오늘은 8월 3일 수요일입니다. 태경이 아버지의 생일은 며칠 후입니까?

❷ 태경이 아버지의 생일은 몇 월 며칠입니까?

내 남편이 태경이 아버지지. 호호~

❸ 결혼 15주년은 몇 월 며칠입니까?

잘 생각해 봐!

1개월은 1달과 같아.

❹ 태경이의 생일에 어머니의 생일은 몇 개월 몇 주 며칠이 남았다고 표시됩니까?

[친구들의 생일]

1 아인이는 반 친구들의 생일이 얼마나 지났는지 또는 얼마나 남았는지를 물어 본 다음 친구들의 대답을 적어 놓았습니다. 빈칸에 친구들의 생일을 쓰시오.

질문한 날짜: 5월 11일

이름	대답	생일
수미	2개월 1주 남았어!	
민주	3개월이 지났어.	
승호	2주 2일 후야.	
다정	3개월하고도 12일이 더 지나야 해.	
현호	1개월 5일 전이었어.	

[전국 축구 대회]

2 노크 초등학교 축구부가 전국 축구 대회에 출전하게 되었습니다. 대회가 끝나는 날의 날짜와 요일을 구하시오.

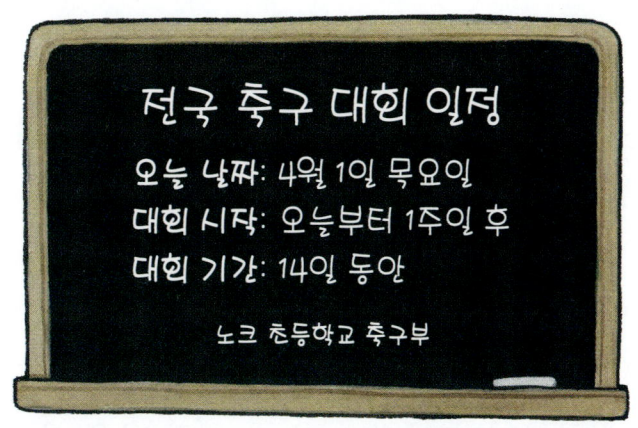

전국 축구 대회 일정

오늘 날짜: 4월 1일 목요일
대회 시작: 오늘부터 1주일 후
대회 기간: 14일 동안

노크 초등학교 축구부

날짜와 요일 구하기

아인이는 어느 해 10월 1일에 달력을 보면서 이번 달의 행사를 확인하고 있습니다.
달력을 보고 알맞은 날짜와 요일을 찾아봅시다.

10월

일	월	화	수	목	금	토
				1	2	3 개천절
4	5	6	7	8	9 한글날	10
11	12	13	14	15	16	17
18	19	20	21	22	23	24
25	26	27	28	29	30	31

① 14일 후면 친구인 지오의 생일입니다. 올해 지오의 생일은 무슨 요일입니까?

② 넷째 토요일에는 가족끼리 영화를 보러 가기로 하였습니다. 넷째 토요일은 10월 며칠입니까?

③ 체육 시간이 있는 요일은 짝수인 날짜가 3번입니다. 체육 시간이 있는 요일은 무슨 요일입니까?

④ 아인이는 한글날에 할아버지 댁에 놀러 가서 두 밤을 자고 집으로 돌아오기로 했습니다. 아인이가 집에 돌아오는 날은 무슨 요일입니까?

1 초이는 부모님의 결혼 날짜가 궁금해서 어머니께 여쭈어 보니 2002년 7월 둘째 토요일이라고 하셨고, 신혼 여행은 결혼식 3일 뒤에 떠났다고 하셨습니다. 부모님이 신혼 여행을 떠난 날을 구하시오.

2002년 7월

일	월	화	수	목	금	토
	1	2	3	4	5	6
7	8	9	10	11	12	13
14	15	16	17	18	19	20
21	22	23	24	25	26	27
28	29	30	31			

[일일 반장 체험]

2 지오네 반에서는 이번 달에 반장을 하루씩 돌아가면서 하기로 하였습니다. 달력을 보고 지오, 아인이, 태경이 중에서 반장을 먼저 하는 순서대로 이름을 쓰시오.

일	월	화	수	목	금	토
1	2	3	4	5	6	7
8	9	10	11	12	13	14
15	16	17	18	19	20	21
22	23	24	25	26	27	28
29	30					

지오는 셋째 수요일에, 아인이는 27일의 일주일 전에, 태경이는 11일의 다음 주 월요일에 반장을 하렴.

1년의 달력

옛날 로마의 달력은 3월부터 시작하였고 로마의 카이사르에 의하여 홀수 달은 31일, 짝수 달은 30일, 마지막 달인 2월만 29일로 정하여 1년이 365일이었습니다.

8월은 영어로 아우구스트 (August)라고 하지. 내 이름 아우구스투스를 따서 붙인 거야.

2월의 하루를 나의 생일이 있는 8월로 옮겨서 8월을 31일까지 있도록 해라.

아우구스투스

카이사르의 아들인 아우구스투스는 자신의 생일이 있는 8월이 30일인 것에 불만을 가져서 달력을 고쳤습니다.

아우구스투스는 2월에서 하루를 빼서 8월을 31일로 만들었고 9월과 11월은 30일, 10월과 12월은 31일로 고쳤습니다.

주먹을 쥐어 각 달의 날 수를 알 수 있습니다. 다음 방법으로 각 달이 며칠까지 있는지 구하시오.

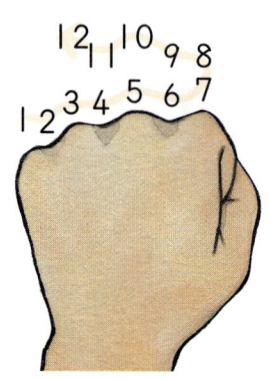

왼쪽부터 차례로 1월, 2월, 3월……이라고 할 때 볼록한 달은 31일까지 있고, 오목한 달은 2월을 제외하고 30일까지 있습니다. 2월은 28일 또는 29일까지 있습니다.

월	1	2	3	4	5	6	7	8	9	10	11	12
날 수	31	28										

◉ 1년의 달력에 대한 설명이 맞으면 ◯표, 틀리면 ✕표 하시오.

● 1년은 모두 12개의 달로 되어 있습니다. ☐

● 8월의 마지막 날은 31일입니다. ☐

● 11월은 31일까지 있습니다. ☐

● 가장 날 수가 많은 달은 2월입니다. ☐

◉ 2019년 7월 달력을 보고 ☐ 안에 알맞은 말을 써넣으시오.

2019년 7월

일	월	화	수	목	금	토
	1	2	3	4	5	6
7	8	9	10	11	12	13
14	15	16	17	18	19	20
21	22	23	24	25	26	27
28	29	30	31			

● 2019년 6월 30일은 ☐ 요일

● 2019년 8월 1일은 ☐ 요일

노크 포인트

달력을 보면 날짜와 요일을 알 수 있고, 다른 달의 요일도 알아볼 수 있습니다.

5월

일	월	화	수	목	금	토
					1	2
3	4	5	6	7	8	9
10	11	12	13	14	15	16
17	18	19	20	21	22	23
24/31	25	26	27	28	29	30

5월 5일 어린이날은 화요일입니다.
3일 뒤인 5월 8일 어버이날은 금요일입니다.
넷째 월요일인 5월 25일은 석가탄신일입니다.

6월 6일 현충일이 무슨 요일인지 알아보기

5월 31일(일요일)	→1일 후	6월 1일(월요일)	→5일 후	6월 6일(토요일)

 요일 구하기

다음은 어느 해 8월과 9월 달력입니다. 두 달력을 보고 10월의 달력을 알아봅시다.

8월

일	월	화	수	목	금	토
						1
2	3	4	5	6	7	8
9	10	11	12	13	14	15
16	17	18	19	20	21	22
23 30	24 31	25	26	27	28	29

9월

일	월	화	수	목	금	토
		1	2	3	4	5
6	7	8	9	10	11	12
13	14	15	16	17	18	19
20	21	22	23	24	25	26
27	28	29	30			

❶ 8월 15일 광복절은 무슨 요일입니까?

❷ 8월 31일과 9월 1일은 각각 무슨 요일입니까?

❸ 9월의 첫째 토요일은 9월 5일입니다. 둘째 토요일과 셋째 토요일은 각각 며칠입니까?

❹ 10월 1일은 무슨 요일입니까?

❺ 한글날은 10월 9일입니다. 한글날은 무슨 요일입니까?

[2월과 3월 달력]

1 2월 달력을 보고 2월 1일과 3월 1일은 각각 무슨 요일인지 구하시오.

2월

일	월	화	수	목	금	토
				1	2	3
4	5	6	7	8	9	10

2월 1일 ☐ 요일   3월 1일 ☐ 요일

잘 생각해 봐!

2월은 28일까지 있단다.

[크리스마스와 1월 1일]

2 12월 25일은 크리스마스입니다. 2015년 12월 달력을 보고 물음에 답하시오.

2015년 **12**월

일	월	화	수	목	금	토
		1	2	3	4	5
6	7	8	9	10	11	12

이것도 몰라!

12월의 마지막 날은 무슨 요일일까?

❶ 2016년 1월 1일은 무슨 요일인지 구하시오.

❷ 2016년의 크리스마스는 일요일입니다. 2017년 1월 2일은 무슨 요일인지 구하시오.

 **몇 월일까요?**

2018년 달력을 보고 한 해 동안 일어나는 일의 날짜와 요일을 알아봅시다.

1월						
일	월	화	수	목	금	토
	1	2	3	4	5	6
7	8	9	10	11	12	13
14	15	16	17	18	19	20
21	22	23	24	25	26	27
28	29	30	31			

2월						
일	월	화	수	목	금	토
				1	2	3
4	5	6	7	8	9	10
11	12	13	14	15	16	17
18	19	20	21	22	23	24
25	26	27	28			

3월						
일	월	화	수	목	금	토
				1	2	3
4	5	6	7	8	9	10
11	12	13	14	15	16	17
18	19	20	21	22	23	24
25	26	27	28	29	30	31

4월						
일	월	화	수	목	금	토
1	2	3	4	5	6	7
8	9	10	11	12	13	14
15	16	17	18	19	20	21
22	23	24	25	26	27	28
29	30					

5월						
일	월	화	수	목	금	토
	1	2	3	4		5
6	7	8	9	10	11	12
13	14	15	16	17	18	19
20	21	22	23	24	25	26
27	28	29	30	31		

6월						
일	월	화	수	목	금	토
					1	2
3	4	5	6	7	8	9
10	11	12	13	14	15	16
17	18	19	20	21	22	23
24	25	26	27	28	29	30

7월						
일	월	화	수	목	금	토
1	2	3	4	5	6	7
8	9	10	11	12	13	14
15	16	17	18	19	20	21
22	23	24	25	26	27	28
29	30	31				

8월						
일	월	화	수	목	금	토
			1	2	3	4
5	6	7	8	9	10	11
12	13	14	15	16	17	18
19	20	21	22	23	24	25
26	27	28	29	30	31	

9월						
일	월	화	수	목	금	토
						1
2	3	4	5	6	7	8
9	10	11	12	13	14	15
16	17	18	19	20	21	22
23 30	24	25	26	27	28	29

10월						
일	월	화	수	목	금	토
	1	2	3	4	5	6
7	8	9	10	11	12	13
14	15	16	17	18	19	20
21	22	23	24	25	26	27
28	29	30	31			

11월						
일	월	화	수	목	금	토
				1	2	3
4	5	6	7	8	9	10
11	12	13	14	15	16	17
18	19	20	21	22	23	24
25	26	27	28	29	30	

12월						
일	월	화	수	목	금	토
						1
2	3	4	5	6	7	8
9	10	11	12	13	14	15
16	17	18	19	20	21	22
23 30	24 31	25	26	27	28	29

❶ 아인이네 학교는 3월 2일에 새 학기를 시작합니다. 새 학기를 시작하는 날은 무슨 요일입니까?

❷ 아인이네 학교는 여름 방학식을 7월 30일에 하고 개학식은 그로부터 24일 후에 합니다. 2학기 개학은 몇 월 며칠입니까?

❸ 아인이의 생일은 11월 넷째 금요일입니다. 아인이의 생일은 몇 월 며칠입니까?

❹ 아인이는 생일에 가족 여행을 떠나 22일 후에 돌아오기로 했습니다. 여행에서 돌아오는 날은 무슨 요일입니까?

갈 생각해 봐!

각 달의 마지막 날이
며칠인지 보렴.

[세 달의 달력]

1 다음은 어느 해의 연속된 세 달의 달력을 순서대로 나타낸 것입니다. 각각 몇 월의 달력인지 쓰시오.

일	월	화	수	목	금	토
1	2	3	4	5	6	7
8	9	10	11	12	13	14
15	16	17	18	19	20	21
22	23	24	25	26	27	28
29	30	31				

일	월	화	수	목	금	토
			1	2	3	4
5	6	7	8	9	10	11
12	13	14	15	16	17	18
19	20	21	22	23	24	25
26	27	28	29	30	31	

일	월	화	수	목	금	토
						1
2	3	4	5	6	7	8
9	10	11	12	13	14	15
16	17	18	19	20	21	22
23/30	24	25	26	27	28	29

□ 월　　　　□ 월　　　　□ 월

이것도 몰라!

난 2월이 제일 좋아. 날 수가 적어 달이 빨리 가거든.

[달이 지워진 달력]

2 다음은 같은 해의 2, 3, 4, 5월의 달력입니다. 각각 몇 월의 달력인지 쓰시오.

□ 월

일	월	화	수	목	금	토
						1
2	3	4	5	6	7	8
9	10	11	12	13	14	15
16	17	18	19	20	21	22
23/30	24/31	25	26	27	28	29

□ 월

일	월	화	수	목	금	토
				1	2	3
4	5	6	7	8	9	10
11	12	13	14	15	16	17
18	19	20	21	22	23	24
25	26	27	28	29	30	31

□ 월

일	월	화	수	목	금	토
		1	2	3	4	5
6	7	8	9	10	11	12
13	14	15	16	17	18	19
20	21	22	23	24	25	26
27	28	29	30			

□ 월

일	월	화	수	목	금	토
						1
2	3	4	5	6	7	8
9	10	11	12	13	14	15
16	17	18	19	20	21	22
23	24	25	26	27	28	

12 요일 없는 달력

태경이 동생 태돌이가 달력에 물감을 쏟아서 달력의 일부만 보입니다.

8월

월	화		금	
			2	
5	6	7		10

다행히 일부는 보이네. 이 정도면 문제 없어!

태경이가 수첩에 정리해 놓은 8월의 일정입니다. 각 일정이 무슨 요일인지 구하시오.

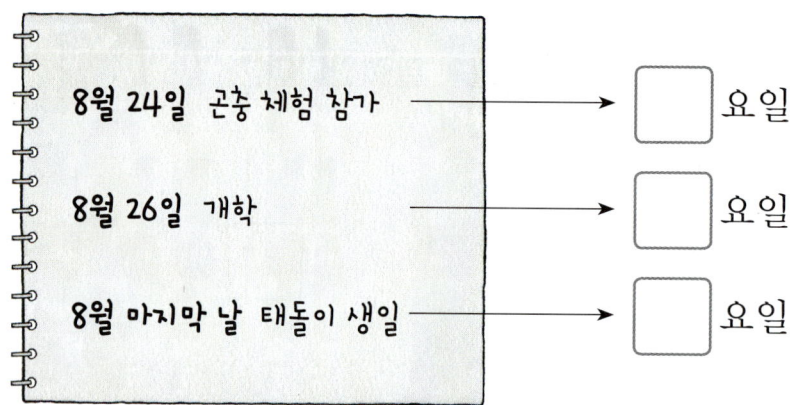

8월 24일 곤충 체험 참가 ⟶ ☐ 요일

8월 26일 개학 ⟶ ☐ 요일

8월 마지막 날 태돌이 생일 ⟶ ☐ 요일

태경이네 동네의 도서관은 첫째, 셋째 일요일에 문을 닫습니다. 태경이가 일요일에 도서관을 갈 수 있는 날짜를 모두 쓰시오.

어느 해의 4월 달력의 일부가 찢어졌습니다. 날짜가 없는 빈 곳에 날짜를 모두 채우시오.

 **노크 포인트**

요일을 하루만 알아도 한 달의 요일을 모두 알 수 있습니다.
· 7월 5일이 토요일인 달력

요일이 없는 달력을 이용하면 조건에 맞게 달력을 완성하기가 쉽습니다.
· 수요일과 금요일이 5번씩 있는 달력

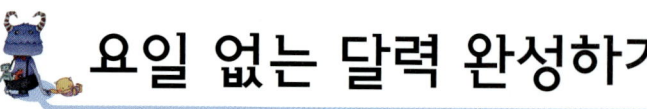

요일 없는 달력 완성하기

다음 달력을 관찰하여 봅시다.

12월

일	월	화	수	목	금	토
					1	2
3	4	5	6	7	8	9
10	11	12	13	14	15	16
17	18	19	20	21	22	23
24 31	25	26	27	28	29	30

❶ 월요일인 날짜의 합을 구하시오.

❷ 화요일인 날짜의 합은 얼마입니까?

❸ 화요일인 날짜의 합은 월요일인 날짜의 합보다 얼마가 더 큽니까?

❹ 짝수인 날짜가 3번 있는 요일은 무엇입니까?

❺ 홀수인 날짜가 3번 있는 요일을 모두 쓰시오.

[요일 없는 달력]

1 다음은 날짜만 있고 요일이 없는 달력입니다. 선생님의 말씀을 보고 이달의 20
일은 무슨 요일인지 구하시오.

1	2	3	4	5	6	7
8	9	10	11	12	13	14
15	16	17	18	19	20	21
22	23	24	25	26	27	28
29	30					

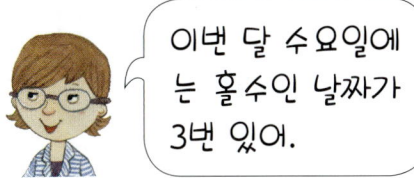

이번 달 수요일에
는 홀수인 날짜가
3번 있어.

[화요일 날짜의 합]

2 어느 해 2월의 화요일 날짜를 모두 더하면 58입니다. 이 달의 셋째 토요일의
날짜를 구하시오.

2월

1	2	3	4	5	6	7
8	9	10	11	12	13	14
15	16	17	18	19	20	21
22	23	24	25	26	27	28

이것도 몰라!

수의 합이 58인 세로줄이
있는 걸 모를 거야.

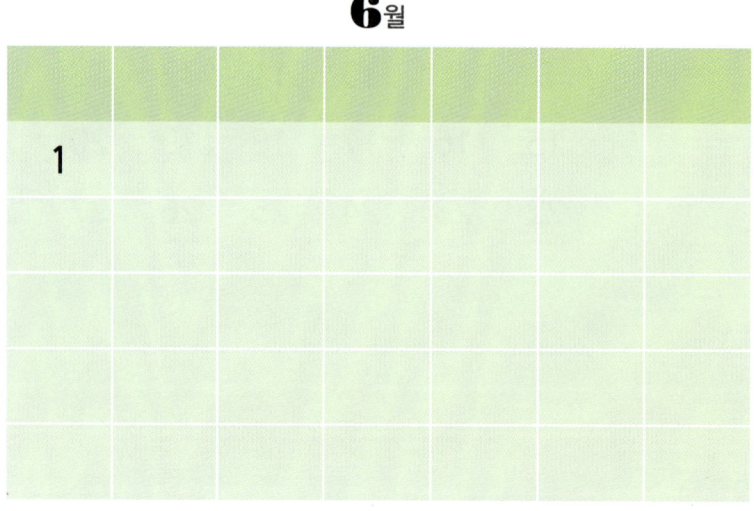

조건에 맞는 달력

요일 없는 달력을 이용하면 여러 가지 달력 문제를 해결할 수 있습니다.

1 올해의 12월에는 화요일과 토요일이 각각 4번씩 있습니다. 다음 중 올해 12월 달력을 찾고 크리스마스가 무슨 요일인지 구하시오.

가

			화			
1	2	3	4	5	6	7
8	9	10	11	12	13	14
15	16	17	18	19	20	21
22	23	24	25	26	27	28
29	30	31				

나

				화		
1	2	3	4	5	6	7
8	9	10	11	12	13	14
15	16	17	18	19	20	21
22	23	24	25	26	27	28
29	30	31				

다

					화	
1	2	3	4	5	6	7
8	9	10	11	12	13	14
15	16	17	18	19	20	21
22	23	24	25	26	27	28
29	30	31				

라

						화
1	2	3	4	5	6	7
8	9	10	11	12	13	14
15	16	17	18	19	20	21
22	23	24	25	26	27	28
29	30	31				

2 첫째 수요일과 마지막 수요일의 날짜의 합이 33입니다. 6월의 달력을 완성해 보시오.

1 초이네 가족은 4월 첫째 토요일에 외식을 하기로 하였습니다. 4월에는 첫째 월요일과 마지막 월요일의 날짜의 합이 31입니다. 4월 달력을 완성하고 외식을 하는 날짜를 구하시오.

4월

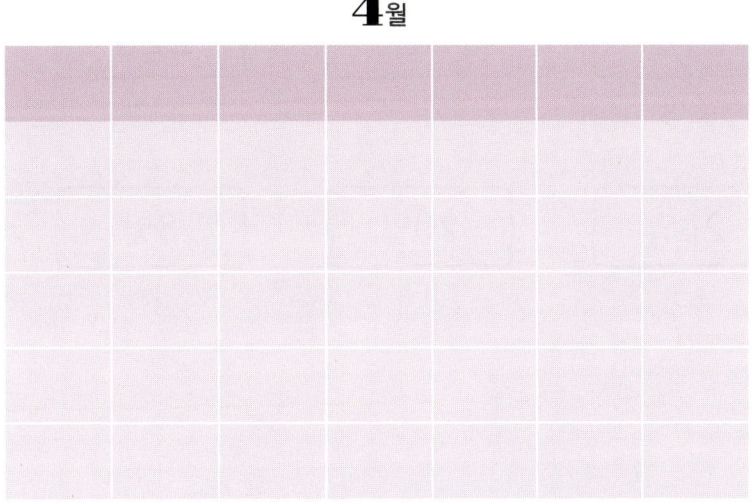

2 아인이네 가족은 7월 28일에 여행을 가기로 하였습니다. 7월 둘째 목요일과 둘째 금요일의 합이 19일 때, 7월 달력을 완성하고 여행을 가는 요일을 구하시오.

7월

이것도 몰라!

연속된 두 날짜의 합이 19라는 걸 모를 거야.

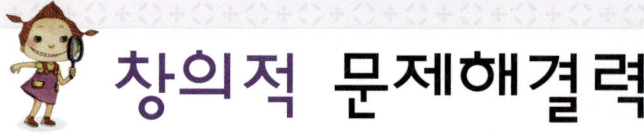

1 초이네 모둠 8명이 1일부터 31일까지의 날짜가 적힌 종이를 하나씩 뽑았습니다. 같은 요일인 날짜를 뽑은 사람들끼리 짝을 이루어 청소 당번을 정하려고 합니다. 청소를 혼자 해야 하는 사람의 이름을 쓰시오.

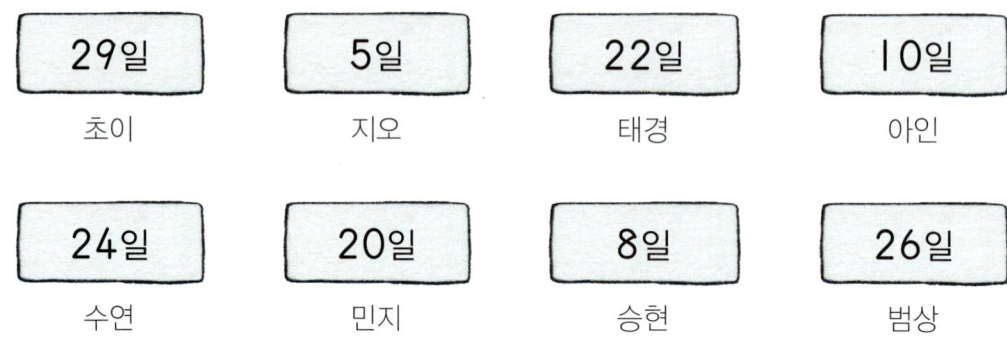

29일	5일	22일	10일
초이	지오	태경	아인

24일	20일	8일	26일
수연	민지	승현	범상

2 1년은 365일이고, 365일은 52주 1일입니다. 2004년 3월 17일이 수요일일 때 2007년 3월 17일은 무슨 요일인지 구하시오.

3 6월 6일은 현충일입니다. 태경이의 생일은 현충일로부터 50일 후이고, 아인이의 생일은 태경이의 생일의 21일 전입니다. 아인이의 생일 날짜와 요일을 구하시오.

6월

일	월	화	수	목	금	토
	1	2	3	4	5	6
7	8	9	10	11	12	13
14	15	16	17	18	19	20
21	22	23	24	25	26	27
28	29	30				

4 다음 조건에 맞게 달력을 완성하고 이 해의 7월 31일은 무슨 요일인지 구하시오.

8월

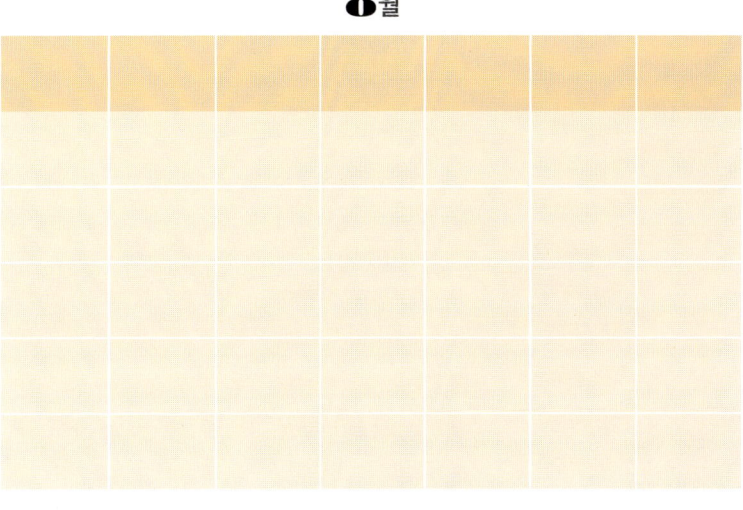

조건

8월의 첫째 금요일과 둘째 화요일의 날짜를 더하면 18입니다.

MEMO

정답 및 해설

측정

B2
(9~10세)

누구나 쉽고 재미있게
사고력
수학

느그

천재교육

누구나 **쉽고 재미있게**
사고력
수학

정답 및 해설

측정

길이 재기

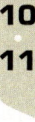

1 단위길이

한입 요괴와 울보 요괴가 서로 자신의 연필이 더 길다고 다툽니다.

내 연필이 더 길잖
아. 바둑돌 12개와
길이가 같아.

한입 요괴

앵앵! 내 연필이 더
긴데……. 클립 9개와
길이가 같아.

울보 요괴

지나가던 태경이와 아인이가 두 꼬마 요괴의 다툼을 해결해 주기로 합니다.

생각해 볼 것도 없이
한입 요괴의 연필이
더 길어. 9개보다 12
개가 더 많잖아.

태경

잠시만 기다려 봐. 먼저
바둑돌과 클립의 길이
를 비교해 봐야겠어.
●●●
바둑돌 3개와 클립 2개
의 길이가 같군.

아인

태경이의 말이 잘못된 이유는 무엇입니까?

기준이 되는 길이가 다른 것을 생각하지 않았기
때문에 태경이의 말이 잘못되었습니다.

아인이는 한입 요괴와 울보 요괴의 연필 중 어느 것이 더 길다고 말했을까요?

울보 요괴

단추를 단위길이로 하여 연필과 지우개의 길이를 재려고 합니다. ☐ 안에 알맞
은 수를 써넣으시오.

 5 번   2 번

몸을 이용하여 길이를 잴 때 알맞은 것끼리 선으로 이으시오.

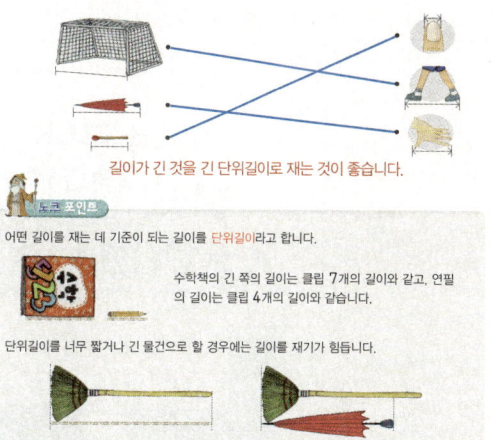

길이가 긴 것을 긴 단위길이로 재는 것이 좋습니다.

도크 포인트

어떤 길이를 재는 데 기준이 되는 길이를 단위길이라고 합니다.

수학책의 긴 쪽의 길이는 클립 7개의 길이와 같고, 연필
의 길이는 클립 4개의 길이와 같습니다.

단위길이를 너무 짧거나 긴 물건으로 할 경우에는 길이를 재기가 힘듭니다.

빗자루의 길이를 재는 데 클립은 너무 짧아서 힘들고, 우산은 너무 길어서 힘듭니다.

🐷 여러 가지 단위길이

지오는 장난감 칼을 단위길이 가, 나, 다로 각각 재어 봅니다.

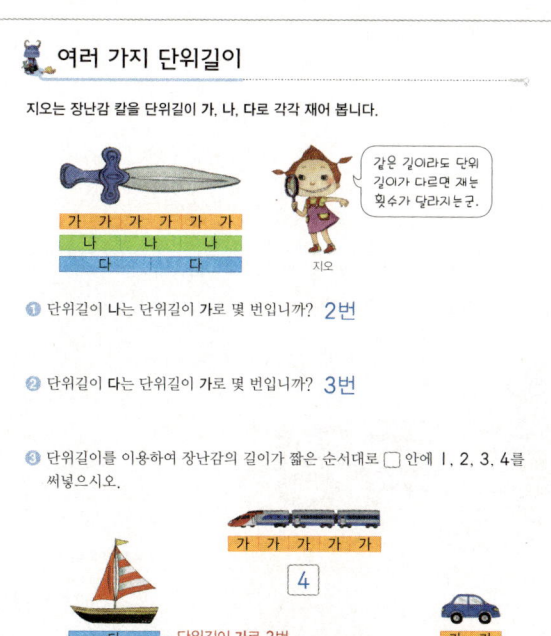

같은 길이라도 단위
길이가 다르면 재는
횟수가 달라지는군.

지오

❶ 단위길이 나는 단위길이 가로 몇 번입니까? 2번

❷ 단위길이 다는 단위길이 가로 몇 번입니까? 3번

❸ 단위길이를 이용하여 장난감의 길이가 짧은 순서대로 ☐ 안에 1, 2, 3, 4를
써넣으시오.

가 가 가 가 가
4

다 – 단위길이 가로 3번
2

가 가
1

나 나 – 단위길이 가로 4번
3

모두 단위길이 가로 바꾸어 비교합니다.

[리코더의 길이]

1 가, 나 리본의 길이를 비교하여 더 긴 리코더에 ◯표 하시오.

가	가	가	가
나		나	

나 1개는 가 2개의 길이와 같으므로 나 3개는 가 6개의 길이와 같습니다.

[가, 나, 다의 길이]

2 연필, 크레파스, 색연필로 우산의 길이를 잰 것입니다. 가, 나, 다를 길이가 긴 순
서대로 쓰시오. 나 - 가 - 다

연필
크레파스
색연필

가

나

다

연필 4자루는 크레파스
5개보다는 길고 6개보
다는 짧군.

색연필은 크레파스 2자루의 길이와 같으므로 나는 크레파스 6자루와 같고, 가
는 크레파스 5자루보다 길고 6자루보다 짧습니다.

단위길이 비교하기

초이는 못, 붓, 색연필을 늘어놓았습니다. 색연필과 붓의 길이를 비교해 봅시다.

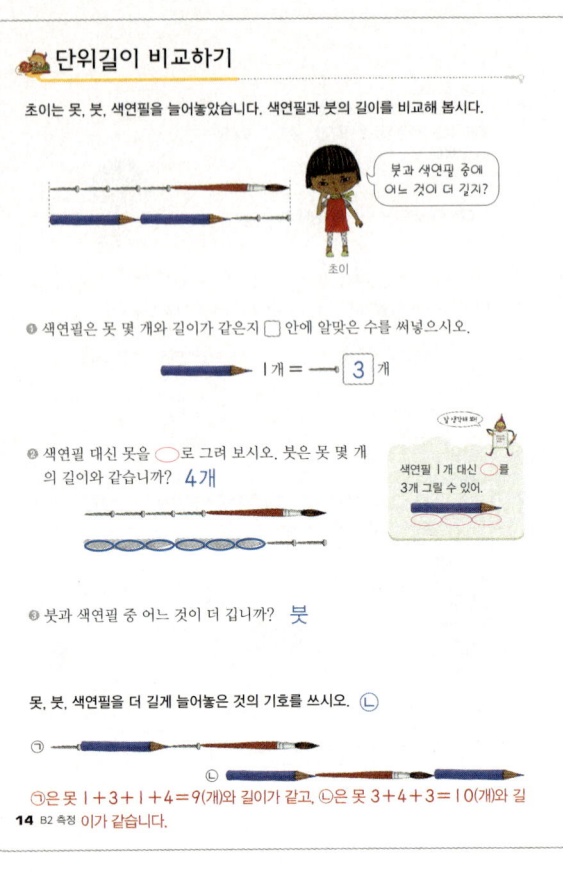

붓과 색연필 중에 어느 것이 더 길지?

초이

❶ 색연필은 못 몇 개와 길이가 같은지 ☐ 안에 알맞은 수를 써넣으시오.

1개 = **3** 개

❷ 색연필 대신 못을 ◯로 그려 보시오. 붓은 못 몇 개의 길이와 같습니까? **4개**

색연필 1개 대신 ◯를 3개 그릴 수 있어.

❸ 붓과 색연필 중 어느 것이 더 깁니까? **붓**

못, 붓, 색연필을 더 길게 늘어놓은 것의 기호를 쓰시오. **ⓛ**

ⓖ은 못 1+3+1+4=9(개)와 길이가 같고, ⓛ은 못 3+4+3=10(개)와 길이가 같습니다.

[지우개와 색 테이프]

1 색 테이프 가, 나, 다를 다음과 같이 늘어놓았습니다. 다는 지우개 몇 개의 길이와 같습니까? **9개**

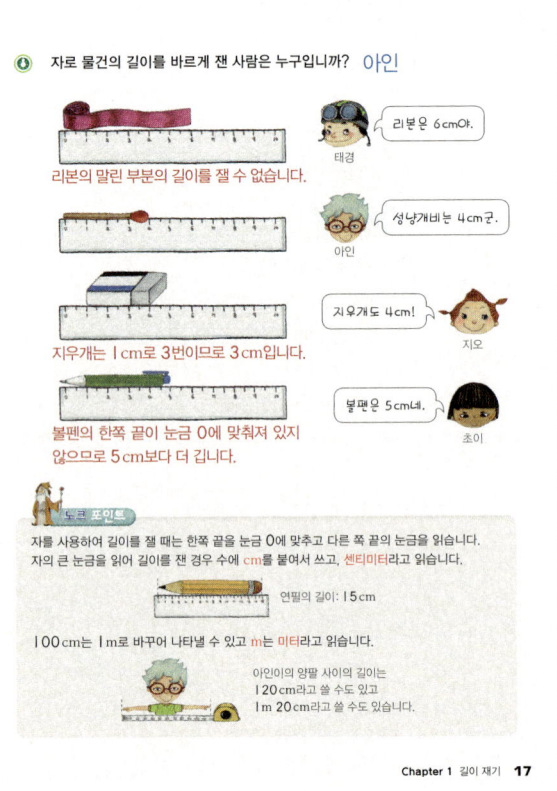

가와 나를 지우개로 바꾸어 생각해 봐.

가는 지우개 3개와 같으므로 다는 지우개 2+4+3=9(개)와 같습니다.

[클립과 숟가락]

2 클립과 숟가락을 늘어놓아 같은 길이를 만들었습니다. 클립만으로 같은 길이를 만들려면 클립 몇 개를 놓아야 합니까? **16개**

숟가락 1개는 클립 4개의 길이와 같으므로 숟가락 4개를 놓아 만든 길이는 클립 4×4=16(개)로 만들 수 있습니다.

---

② 자로 길이 재기

울보 요괴와 한입 요괴는 서로 누가 더 긴 연필을 가지고 있는지 확실하게 자로 재어 비교하기로 하였습니다.

아무리 봐도 내 연필이 더 긴데…… 엉엉~ 내 연필은 14cm가 안 돼.

울보 요괴

연필 끝을 봐. 14 cm야. 내 연필이 더 길지?

한입 요괴

그 광경을 본 태경이가 아인이에게 말합니다.

거 봐! 아인이 네가 틀렸어. 한입 요괴의 연필이 더 길잖아.

태경

태경아, 너는 자로 재는 법을 잘 모르는구나.

아인

한입 요괴가 연필의 길이를 잴 때 잘못한 것은 무엇입니까?

연필 끝을 눈금 0에 맞추지 않고 길이를 재었습니다.

한입 요괴의 연필의 길이는 몇 cm입니까? 누구의 연필이 더 깁니까?

12cm, 울보 요괴

🖐 자로 물건의 길이를 바르게 잰 사람은 누구입니까? **아인**

리본은 6cm야.

태경

리본의 말린 부분의 길이를 잴 수 없습니다.

성냥개비는 4cm군.

아인

지우개도 4cm!

지오

지우개는 1cm로 3번이므로 3cm입니다.

볼펜은 5cm네.

초이

볼펜의 한쪽 끝이 눈금 0에 맞춰져 있지 않으므로 5cm보다 더 깁니다.

토크 포인트

자를 사용하여 길이를 잴 때는 한쪽 끝을 눈금 0에 맞추고 다른 쪽 끝의 눈금을 읽습니다. 자의 큰 눈금을 읽어 길이를 잰 경우 수에 cm를 붙여서 쓰고, 센티미터라고 읽습니다.

연필의 길이: 15cm

100cm는 1m로 바꾸어 나타낼 수 있고 m는 미터라고 읽습니다.

아인이의 양팔 사이의 길이는 120cm라고 쓸 수도 있고 1m 20cm라고 쓸 수도 있습니다.

🔸 잘못된 줄자

지오가 3m 50cm 길이의 줄자를 준비하였는데 잘못되어 350cm라고 표시된 부분이 먼저 나옵니다. 지오가 잰 길이를 보고 올바른 길이를 구해 봅시다.

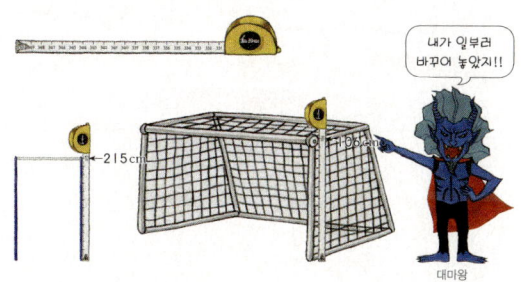

내가 일부러 바꾸어 놓았지!!

대마왕

① 철봉의 높이를 재기 위해서는 줄자 전체의 길이에서 눈금의 길이를 빼야 합니다. ☐ 안에 알맞은 수를 써넣어 철봉의 높이를 구하시오.

$$
\begin{array}{r}
350 \text{ cm} \leftarrow \text{줄자 전체 길이}\\
- \ 215 \text{ cm} \leftarrow \text{지오가 잰 눈금}
\end{array}
$$

철봉의 높이 → $\boxed{135}$ cm = $\boxed{1}$ m $\boxed{35}$ cm

② 축구 골대의 높이를 구하시오.

축구 골대의 높이 = $\boxed{2}$ m $\boxed{44}$ cm

축구 골대의 높이=350cm−106cm=244cm=2m 44cm

[실제 길이]

1 초이는 잘못된 줄자를 가지고 있습니다. 실제 길이가 12cm인 연필을 잘못된 줄자로 재었더니 6cm입니다.

잘못된 줄자로 재었더니 길이가 이상해.

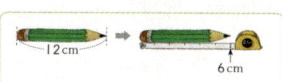

잘못된 줄자로 잰 빨대와 붓의 실제 길이를 구해 ☐ 안에 써넣으시오.

$\boxed{10}$ cm $\boxed{18}$ cm

잘못된 줄자의 눈금 한 칸은 2cm를 나타냅니다.

[잘못된 줄자]

2 0cm가 아닌 120cm부터 시작하는 잘못된 줄자가 있습니다. 이 줄자로 잰 눈금을 보고 실제 길이를 구하시오.

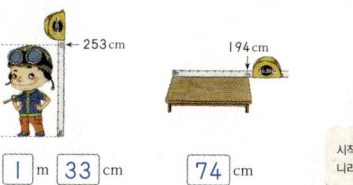

시작 눈금이 0cm가 아니라 120cm라니까!

$\boxed{1}$ m $\boxed{33}$ cm $\boxed{74}$ cm

253cm−120cm=133cm=1m 33cm
194cm−120cm=74cm

🔸 같은 길이 만들기

클립, 지우개, 딱풀로 같은 길이를 만든 것입니다. 클립의 길이를 재어 지우개와 딱풀의 길이를 구해 봅시다.

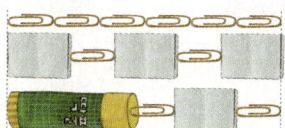

① 클립의 길이를 자로 재었습니다. 클립의 길이는 몇 cm입니까? 3cm

② 클립, 지우개, 딱풀로 만든 같은 길이를 식으로 나타낸 것입니다. ☐ 안에 알맞은 수를 써넣으시오.

클립 6개=클립 $\boxed{2}$ 개+지우개 $\boxed{3}$ 개

=클립 $\boxed{2}$ 개+지우개 $\boxed{1}$ 개+딱풀 $\boxed{1}$ 개

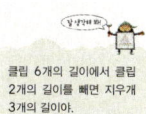
클립 6개의 길이에서 클립 2개의 길이를 빼면 지우개 3개의 길이야.

③ 클립 6개의 길이는 몇 cm입니까? 18cm
3×6=18(cm)

④ 지우개와 딱풀의 길이를 각각 구하시오. 지우개: 4cm, 딱풀: 8cm
18=3+3+(지우개 3개) → (지우개 3개)=12cm → (지우개 1개)=4cm
18=3+3+4+(딱풀 1개) → (딱풀 1개)=18−3−3−4=8(cm)

[벽돌의 길이]

1 세 가지 길이의 벽돌을 다음과 같이 쌓았습니다. 가 벽돌의 길이가 20cm일 때, 나와 다 벽돌의 길이는 각각 몇 cm입니까?

나 벽돌: $\boxed{60}$ cm

다 벽돌: $\boxed{40}$ cm

다는 가 2개의 길이와 같으므로 20+20=40(cm)이고,
나는 가 3개의 길이와 같으므로 20+20+20=60(cm)입니다.

[지우개를 이용한 길이 재기]

2 지우개의 길이를 잰 다음 여러 가지 물건으로 같은 길이를 만들었습니다. 리모컨의 길이는 몇 cm입니까? 9cm

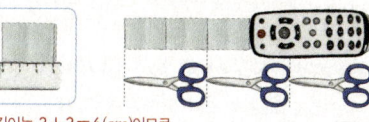

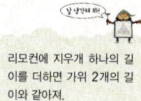
리모컨에 지우개 하나의 길이를 더하면 가위 2개의 길이와 같아져.

가위의 길이는 3+3=6(cm)이므로
가위 2개의 길이는 6+6=12(cm)입니다.
따라서 리모컨의 길이는 12−3=9(cm)입니다.

---

③ 길이 어림하기

22 23

요괴들이 각각 빨간색 선과 파란색 선을 긋습니다. 더 긴 선을 그은 요괴가 누구인지 찾아보시오. 눈으로 어림한 다음 자로 재어 확인합니다.

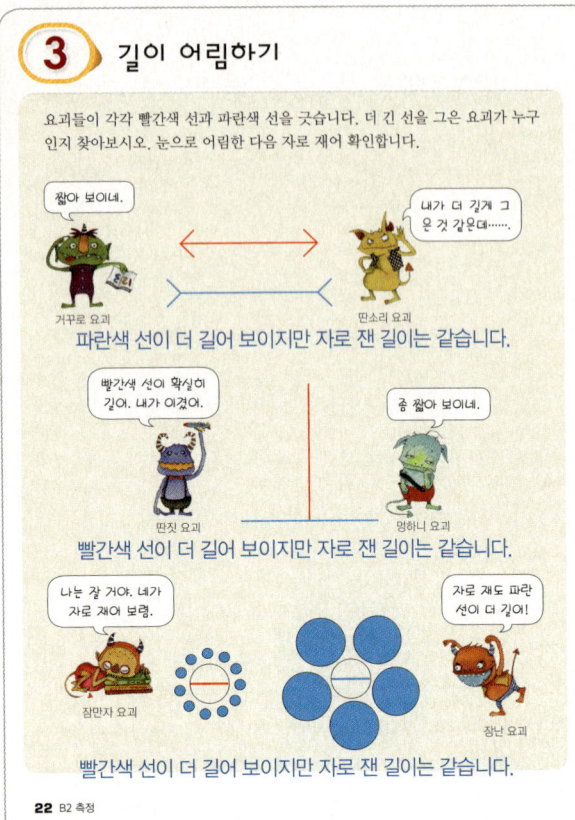

파란색 선이 더 길어 보이지만 자로 잰 길이는 같습니다.

빨간색 선이 더 길어 보이지만 자로 잰 길이는 같습니다.

빨간색 선이 더 길어 보이지만 자로 잰 길이는 같습니다.

그림을 보고 ☐ 안에 어림한 길이를 써넣으시오.

클립: 3 cm
크레파스: 약 **6** cm

엄지손가락 너비: 2 cm
딱풀: 약 **6** cm

세 선의 길이를 어림하여 길이가 가장 긴 선의 기호를 쓰시오. 그런 다음 자로 직접 재어 보시오. **가**

가
4 cm

나
3 cm

다
3 cm

노크 포인트

눈으로만 길이를 비교하면 틀릴 때가 있습니다. 길이를 비교할 때는 직접 맞대어 보거나 다른 물건을 이용하여 맞대어 보면 됩니다.

종이 테이프를 연필의 길이만큼 잘라서 볼펜과 비교해 보니 연필의 길이가 볼펜의 길이보다 짧습니다.

신체의 일부를 이용하여 길이를 어림할 수도 있습니다.

2 cm
붓의 길이는 약 12 cm

60 cm
차의 길이는 약 180 cm

🐉 나만의 자

24 25

신체를 이용한 나만의 자로 선의 길이를 어림하여 봅시다.

① 나의 몸의 여러 부분을 재어서 1 cm의 단위로 사용할 부분과 10 cm 단위로 사용할 부분을 찾아서 표를 채워 보시오.
예시 답안 이외에도 여러 가지 다양한 답이 있을 수 있습니다. 1 cm와 10 cm의 길이의 차를 인지하고 있는지 확인합니다.

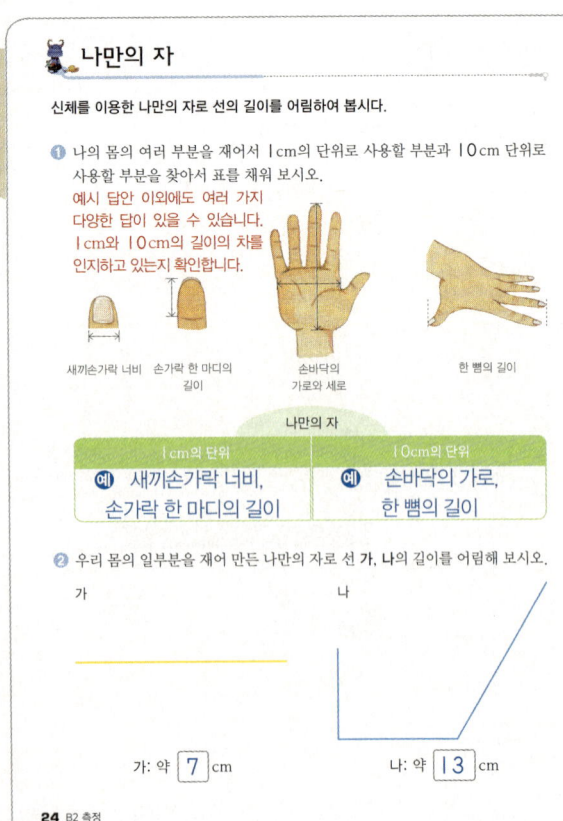

새끼손가락 너비　손가락 한 마디의 길이　손바닥의 가로와 세로　한 뼘의 길이

나만의 자

1 cm의 단위	10 cm의 단위
예 새끼손가락 너비, 손가락 한 마디의 길이	예 손바닥의 가로, 한 뼘의 길이

② 우리 몸의 일부분을 재어 만든 나만의 자로 선 가, 나의 길이를 어림해 보시오.

가

나

가: 약 **7** cm

나: 약 **13** cm

[나만의 자로 어림하기]

1 신체를 이용한 나만의 자로 어림하여 주어진 길이만큼 위 칸에 색칠해 보고, 실제 자로 길이를 재어 아래 칸에 색칠한 다음 비교해 보시오.

어림한 6 cm	
자로 잰 6 cm	

6 cm

어림한 9 cm	
자로 잰 9 cm	

9 cm

[1 cm로 어림한 길이]

2 오른쪽 1 cm의 길이를 보고 다음 각각의 길이를 어림해 본 다음 실제 자로 잰 길이와 비교하시오.

1 cm

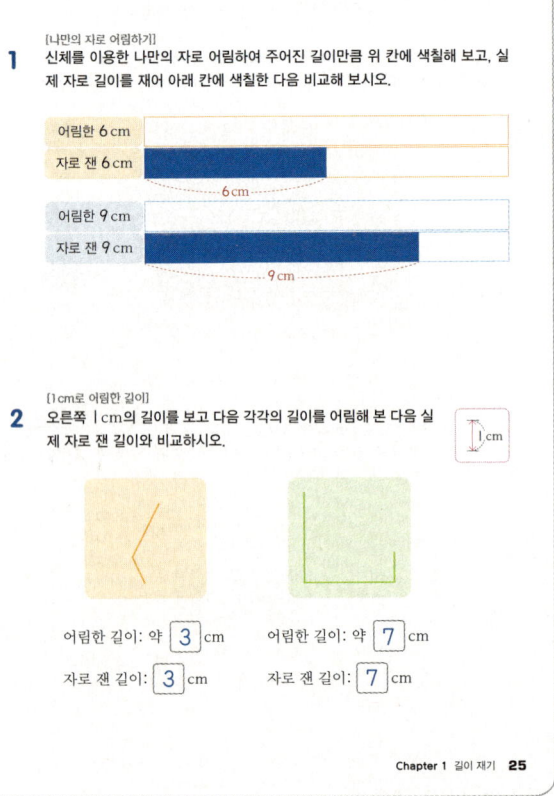

어림한 길이: 약 **3** cm
자로 잰 길이: **3** cm

어림한 길이: 약 **7** cm
자로 잰 길이: **7** cm

정답 및 해설　5

곡선의 길이

다음 곡선의 길이를 어림한 다음 실을 잘라 곡선 위에 겹쳐 놓습니다. 실의 길이를 재어 곡선의 길이를 알아보시오.

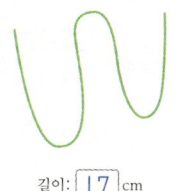

곡선의 길이를 잴 때는 실을 이용하면 되겠군. 실을 이용하여 재어 보니 15cm, 17cm, 19cm 세 종류의 길이가 있군.

길이: [17] cm

길이: [15] cm

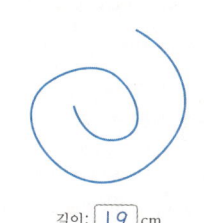

길이: [19] cm

[구부러진 선의 길이]
1 다음 세 가지 구부러진 선의 길이를 재어 길이가 긴 순서대로 기호를 쓰시오. 나 – 가 – 다

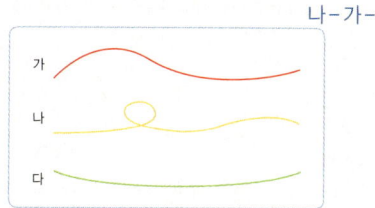

시작점과 끝점이 같으면 더 많이 구불구불할수록 길이가 깁니다.

[10cm가 넘는 선]
2 길이가 10cm를 넘는 선이 하나 있습니다. 길이를 어림하여 10cm가 넘는 선을 찾아 기호를 쓰시오. 라

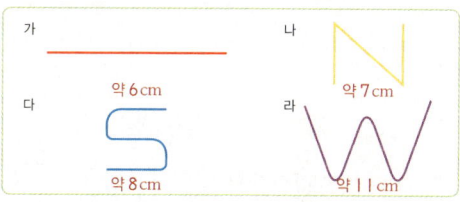

10cm를 넘는 선이 1개이므로 길이가 가장 긴 선을 찾습니다.

창의적 문제해결력

▶ 동영상 특강
QR 코드를 찍어 보세요!!

1 다음은 태경이, 아인이, 초이가 동시에 운동장을 가로질러 간 길을 나타낸 것입니다. 같은 빠르기로 갔다고 할 때, 가장 먼저 도착한 사람은 누구인지 쓰시오. 태경

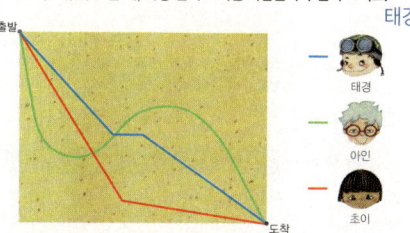

출발

태경

아인

초이

도착

가장 짧은 거리로 이동한 사람이 태경이므로 가장 먼저 도착한 사람은 태경입니다.

2 어떤 연필 5자루, 칫솔 4개, 공책 3권의 길이가 서로 같았습니다. 리본 가, 나, 다를 연필, 칫솔, 공책과 비교한 것을 보고 세 리본의 길이가 긴 것부터 순서대로 기호를 쓰시오. 가 – 나 – 다

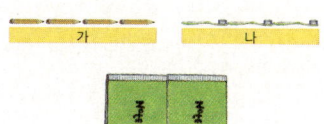

가   나

다

연필 5개, 칫솔 4개, 공책 3권의 길이가 같으므로 공책, 칫솔, 연필 순서로 길이가 깁니다. 따라서 연필, 칫솔, 공책 1개씩 뺀 가, 나, 다 리본의 길이는 가, 나, 다 순서로 길이가 깁니다.

3 바늘과 단추와 실을 다음과 같이 놓았습니다. 길이가 같은 실 4조각의 길이는 바늘 몇 개의 길이와 같은지 구하시오. 3개

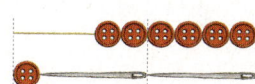

실 한 조각은 단추 3개의 길이와 같고, 바늘은 단추 4개의 길이와 같습니다. 따라서 실 4조각의 길이는 단추 12개의 길이와 같으므로 바늘 3개의 길이와 같아집니다.

4 30cm까지 잴 수 있는 자 2개를 그림과 같이 이어 붙여 놓고 막대의 길이를 재었습니다. 처음과 끝 부분의 눈금을 보고, 막대의 길이를 구하시오. 35cm

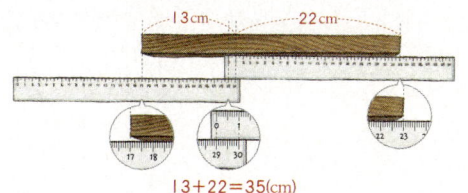

13cm   22cm

13 + 22 = 35(cm)

잴 수 있는 길이

④ 눈금 없는 막대

32
33

아인이의 할아버지는 목수입니다. 이제 나이가 들어 눈이 침침하시다고 합니다.

아인이는 무거운 막대 때문에 할아버지가 걱정되었습니다. 아인이는 좋은 생각이 떠올랐습니다.

10, 20 막대를 이어 붙이면 30 cm 길이를 잴 수 있습니다.

30 cm
| 10 | 20 |

나무 막대를 붙여서 50, 60, 70, 90, 100 cm의 길이를 재어 보시오.

50	10	40
60	20	40
70	10 20	40
90	10	80
100	20	80

□ 안에 알맞은 길이를 써넣으시오.

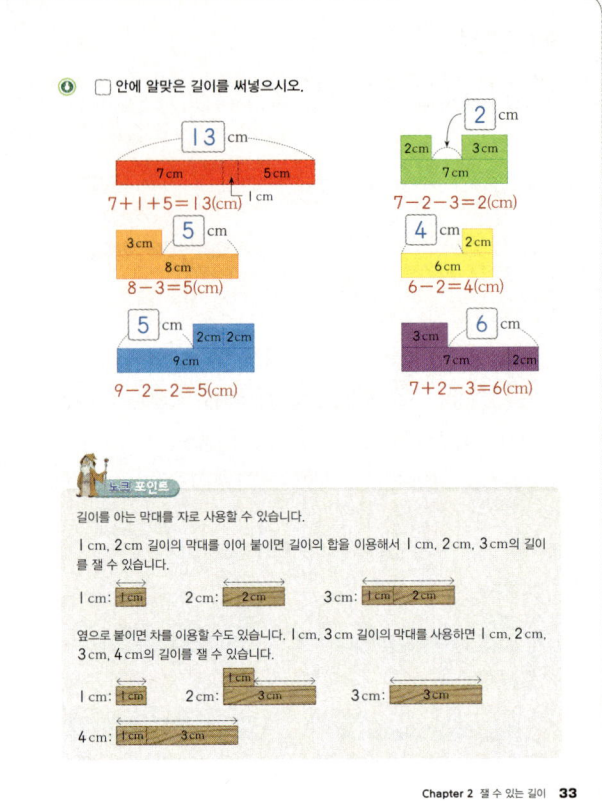

$7+1+5=13(cm)$
$7-2-3=2(cm)$
$8-3=5(cm)$
$6-2=4(cm)$
$9-2-2=5(cm)$
$7+2-3=6(cm)$

독독 포인트

길이를 아는 막대를 자로 사용할 수 있습니다.
1 cm, 2 cm 길이의 막대를 이어 붙이면 길이의 합을 이용해서 1 cm, 2 cm, 3 cm의 길이를 잴 수 있습니다.

옆으로 붙이면 차를 이용할 수도 있습니다. 1 cm, 3 cm 길이의 막대를 사용하면 1 cm, 2 cm, 3 cm, 4 cm의 길이를 잴 수 있습니다.

합과 차를 이용한 길이 재기

34
35

2 cm, 3 cm, 7 cm 길이의 막대로 1 cm에서 12 cm까지의 길이를 재는 방법을 표의 빈칸에 그림으로 나타내시오.

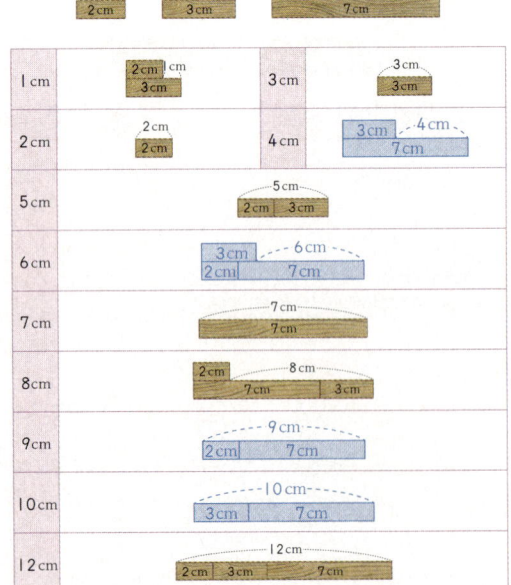

[잘린 리본]

1 리본을 잘라 4도막으로 나누었습니다. 잘린 리본들 중 2장을 나란히 이어 붙여서 만들 수 있는 길이를 모두 쓰시오.

6 cm, 8 cm, 9 cm, 10 cm, 11 cm, 13 cm

| 4 cm | 2 cm | 6 cm | 7 cm |

$4+2=6(cm)$, $2+6=8(cm)$, $2+7=9(cm)$,
$4+6=10(cm)$, $4+7=11(cm)$, $6+7=13(cm)$

[물건의 길이 재기]

2 막대 3개를 이용하여 물건의 길이를 재려고 합니다. 길이를 잴 수 있는 것에 모두 ○표 하시오.

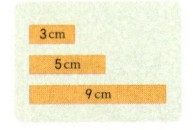
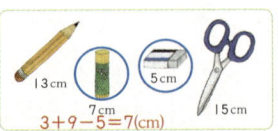

$3+9-5=7(cm)$

이어 붙이거나 옆으로 붙이는 경우를 모두 생각해 봐.

🐿 나무 막대의 수

아인이는 할아버지께서 사용하시는 나무 막대의 수를 줄이기 위해 막대의 길이를 다음과 같이 바꾸었습니다. 나무 막대 3개를 사용하여 잴 수 있는 길이를 알아보시오.

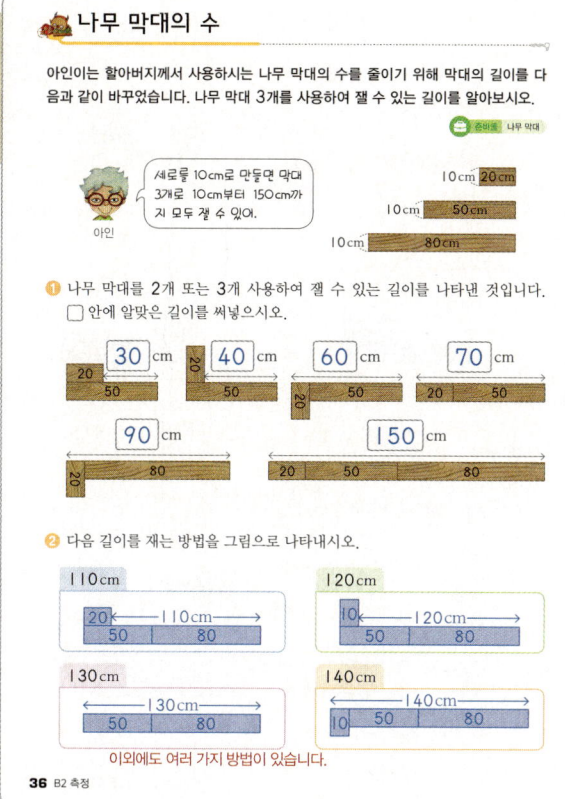

① 나무 막대를 2개 또는 3개 사용하여 잴 수 있는 길이를 나타낸 것입니다. □ 안에 알맞은 길이를 써넣으시오.

30 cm **40** cm **60** cm **70** cm

90 cm **150** cm

② 다음 길이를 재는 방법을 그림으로 나타내시오.

110cm 120cm

130cm 140cm

이외에도 여러 가지 방법이 있습니다.

[막대 수 줄이기]

1 지오가 막대 3개로 잴 수 있는 길이를 초이는 막대 2개로 똑같이 잴 수 있습니다. 같은 길이를 잴 수 있는 것끼리 짝지으시오.

가와 바, 나와 라, 다와 마

이 막대 3개로 1cm부터 7cm까지 잴 수 있어.

나는 막대 2개만 사용해서 잴 수 있지.

가 나 다
라 마 바

[종이로 길이 재기]

2 다음과 같은 종이 2장을 사용하여 길이를 재려고 합니다. 잴 수 있는 길이를 모두 쓰시오.

종이 한 장에 있는 두 가지의 길이는 붙여서 사용할 수 없어.

10cm, 20cm, 30cm, 40cm, 50cm, 70cm, 80cm

⑤ 눈금 없는 자

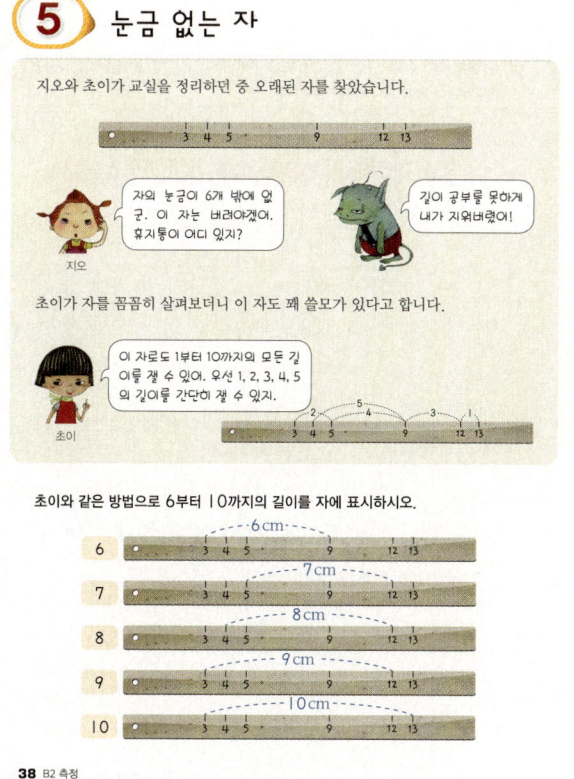

지오와 초이가 교실을 정리하던 중 오래된 자를 찾았습니다.

자의 눈금이 6개 밖에 없군. 이 자는 버려야겠어. 휴지통이 어디 있지?

길이 공부를 못하게 내가 지워버렸어!

지오

초이가 자를 꼼꼼히 살펴보더니 이 자도 꽤 쓸모가 있다고 합니다.

이 자로도 1부터 10까지의 모든 길이를 잴 수 있어. 우선 1, 2, 3, 4, 5의 길이를 간단히 잴 수 있지.

초이

초이와 같은 방법으로 6부터 10까지의 길이를 자에 표시하시오.

6 — 6cm
7 — 7cm
8 — 8cm
9 — 9cm
10 — 10cm

🌱 오래된 자를 이용하여 다음 길이를 재어 보시오.

7 cm **3** cm
9 cm
6 cm **4** cm

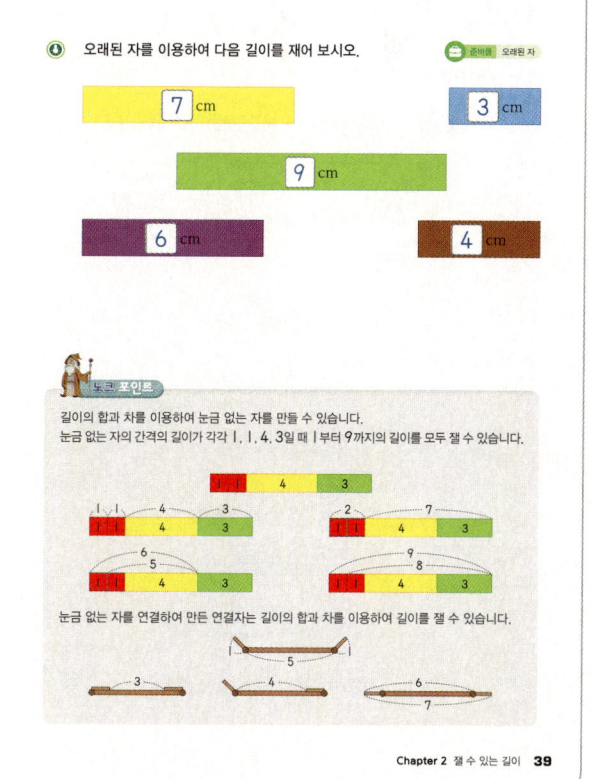

🐿 노크 포인트

길이의 합과 차를 이용하여 눈금 없는 자를 만들 수 있습니다.
눈금 없는 자의 간격의 길이가 각각 1, 1, 4, 3일 때 1부터 9까지의 길이를 모두 잴 수 있습니다.

눈금 없는 자를 연결하여 만든 연결자는 길이의 합과 차를 이용하여 길이를 잴 수 있습니다.

연결자

눈금 없는 막대를 연결해서 만든 자를 연결자라고 합니다. 연결자는 연결된 부분을 돌려서 사용할 수 있습니다. 다음 연결자로 길이를 재어 봅시다.

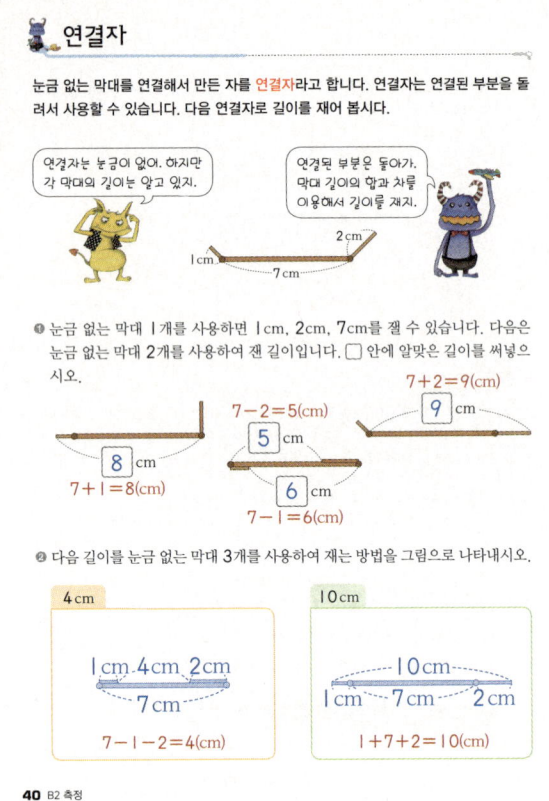

연결자는 눈금이 없어. 하지만 각 막대의 길이는 알고 있지.

연결된 부분은 돌아가. 막대 길이의 합과 차를 이용해서 길이를 재지.

❶ 눈금 없는 막대 1개를 사용하면 1cm, 2cm, 7cm를 잴 수 있습니다. 다음은 눈금 없는 막대 2개를 사용하여 잰 길이입니다. ☐ 안에 알맞은 길이를 써넣으시오.

7+2=9(cm)
7−2=5(cm)
9 cm
8 cm
5 cm
6 cm
7+1=8(cm)
7−1=6(cm)

❷ 다음 길이를 눈금 없는 막대 3개를 사용하여 재는 방법을 그림으로 나타내시오.

4 cm
1cm 4cm 2cm
7cm
7−1−2=4(cm)

10 cm
10cm
1cm 7cm 2cm
1+7+2=10(cm)

40 B2 측정

[연결자로 잴 수 있는 길이]
1 다음과 같은 연결자로 잴 수 있는 길이를 모두 쓰시오.

2cm, 11cm, 9cm, 13cm

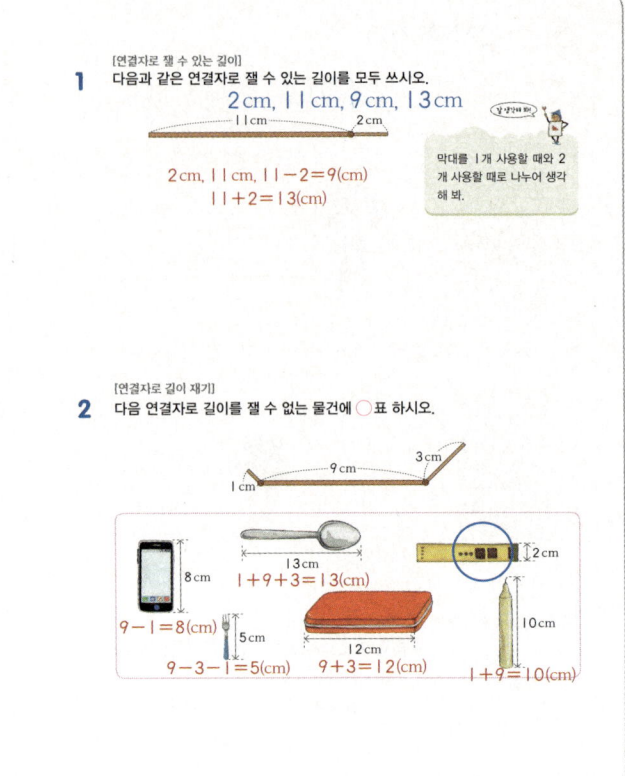

막대를 1개 사용할 때와 2개 사용할 때로 나누어 생각해 봐.

2cm, 11cm, 11−2=9(cm)
11+2=13(cm)

[연결자로 길이 재기]
2 다음 연결자로 길이를 잴 수 없는 물건에 ○표 하시오.

8cm
13cm
1+9+3=13(cm)
9−1=8(cm)
5cm
9−3−1=5(cm)
12cm
9+3=12(cm)
2cm
10cm
1+9=10(cm)

Chapter 2 잴 수 있는 길이 41

 ## 만능자

1cm부터 자의 전체 길이까지 모두 잴 수 있는 자를 만능자라고 합니다.
다음은 5cm짜리 막대에 선 2개를 그어 1cm부터 5cm까지 모두 잴 수 있는 만능자를 만든 것입니다.

만능자는 참 신기해. 눈금이 2개만 있어도 길이를 잴 수 있어.

만능자는 길이의 덧셈을 이용하여 길이를 재지. 수학의 힘은 참 대단해.

 1 2 2

다음 만능자에 1cm부터 5cm까지 길이를 재는 방법을 색칠하여 나타내시오.

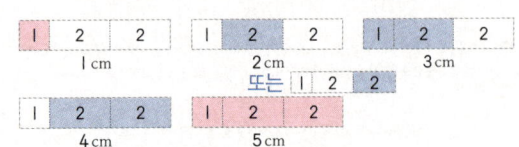

1 2 2
1cm
1 2 2
2cm 또는 1 2 2
1 2 2
3cm
1 2 2
4cm
1 2 2
5cm

다음은 멍하니 요괴가 만든 잘못된 만능자입니다. 1cm부터 5cm까지의 길이 중 잴 수 없는 길이는 몇 cm입니까? 4cm

다른 방법으로 만능자를 만들었는데 뭐가 잘못된 거지?

2 1 2

42 B2 측정

[올바른 만능자]
1 다음은 6cm짜리 만능자를 만든 것입니다. 1cm부터 6cm까지 길이를 재는 방법을 색칠하여 나타내시오.

1 3 2
1cm
1 3 2
2cm
1 3 2
3cm
1 3 2
4cm
1 3 2
5cm
1 3 2
6cm

[잘못된 만능자]
2 다음 두 자는 자의 전체 길이보다 짧은 길이 중 잴 수 없는 길이가 있습니다. 잴 수 없는 길이를 ☐ 안에 써넣으시오.

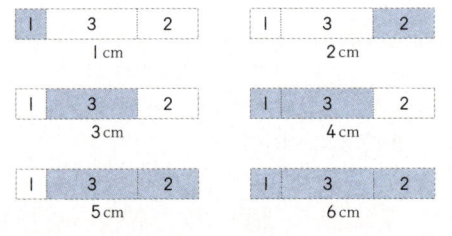

6cm
2 1 2
3cm
4cm 7cm 6cm

잴 수 없는 길이: 5 cm

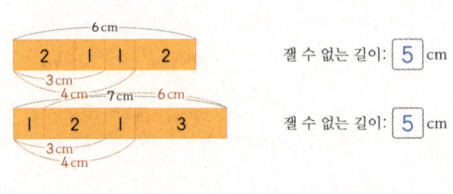

1 2 1 3
3cm
4cm

잴 수 없는 길이: 5 cm

Chapter 2 잴 수 있는 길이 43

6 겹쳐진 길이

4 m 높이의 탑에 갇혀 있는 멍하니 요괴를 태경이와 초이가 꺼내 주기로 합니다.

밧줄을 받은 요괴는 밧줄을 서로 묶어 긴 줄을 만들고 밧줄 끝을 창틀에 묶었습니다.

태경이가 준 밧줄이 땅에 닿지 않은 이유는 무엇입니까?
묶는 부분의 길이를 생각하지 않았습니다.

줄을 창틀에 묶는 데 10 cm가 사용되고 줄끼리 매듭을 묶는 데 밧줄이 10 cm가 든다고 합니다. 멍하니 요괴가 안전하게 줄을 타고 내려오려면 80 cm짜리 밧줄은 몇 개가 필요합니까? **6개**

🔵 테이프 2장을 1 cm씩 겹쳐서 이어 놓았습니다. 이어진 전체의 길이를 ☐ 안에 써넣으시오.

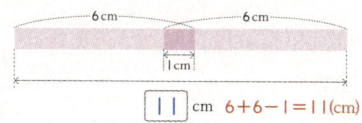

☐ **11** cm   6+6-1=11(cm)

노크 포인트

테이프를 겹쳤을 때, 테이프의 전체 길이는 겹친 부분의 길이를 뺀 각 테이프의 길이를 더하여 구하거나 겹치기 전의 전체 길이에서 겹친 부분의 길이를 한번에 빼서 구합니다.

1 m 길이의 테이프 3개를 10 cm씩 겹쳤을 때
• 겹친 부분의 길이를 뺀 각 테이프의 길이

전체 길이:
90+90+100=280(cm)

• 테이프의 총 길이에서 겹친 부분의 길이를 한 번에 빼기

겹친 부분   겹친 부분

전체 길이:
10+10=20(cm)
300-20=280(cm)

두 막대의 길이의 합과 차를 알 때는 긴 막대를 짧은 막대로 바꾸어서 생각합니다.

길이의 차가 20 cm, 길이의 합이 100 cm인 두 막대의 길이 구하기

막대 가의 길이:
80 cm의 절반인 40 cm
막대 나의 길이:
(막대 가의 길이)+20=60(cm)

🐭 겹쳐진 테이프

초이가 50 cm 길이의 두 가지 색 테이프를 10 cm씩 겹쳐 이어 붙이려고 합니다. 색 테이프 6개를 붙일 때, 색 테이프 전체 길이를 구해 봅시다.

❶ 색 테이프 1개에서 겹쳐진 부분의 길이를 빼서 전체 길이를 구해 봅시다.

❶ 그림의 ☐ 안에 알맞은 수를 써넣으시오.

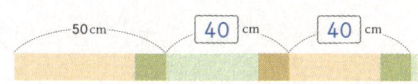

❷ 색 테이프 6개를 붙인 전체 길이를 구하시오. **250 cm**
50+40+40+40+40+40=250(cm)

❷ 겹치기 전의 길이에서 겹쳐진 부분의 길이를 빼서 구해 봅시다.
❶ 겹치지 않고 색 테이프 6개를 이어 놓으면 전체 길이는 몇 cm입니까?
300 cm

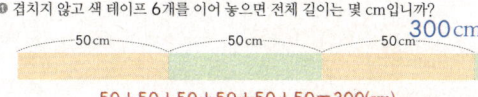

50+50+50+50+50+50=300(cm)

❷ 색 테이프 6개를 이어 붙이려면 10 cm씩 겹치게 몇 번 붙여야 합니까?
5번

❸ 겹치기 전의 길이에서 겹쳐진 부분의 길이를 빼서 겹친 후의 전체 길이를 구하시오. **250 cm**

300-50=250(cm)

[전체 거리]

1 버스 정류장에서 태경이네 집까지 가는 거리를 나타낸 것입니다. 버스 정류장에서 태경이네 집까지의 거리는 몇 m입니까? **190 m**

120+120-50=190(m)

[이어 놓은 빨대]

2 길이가 10 cm인 빨대를 3 cm씩 겹치도록 이어 놓았습니다. 빨대의 겹쳐진 부분이 5군데라면 이어 놓은 빨대 전체의 길이는 몇 cm입니까? **45 cm**

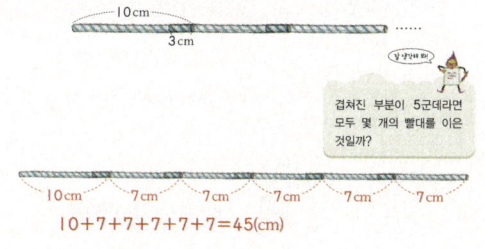

겹쳐진 부분이 5군데라면 모두 몇 개의 빨대를 이은 것일까?

10+7+7+7+7+7=45(cm)

---

10   B2 측정

막대 길이의 합과 차

48 49

두 막대를 이어 붙이면 160cm이고, 옆으로 대어서 비교하면 차가 30cm인 막대가 있습니다. 두 막대의 길이를 구해 봅시다.

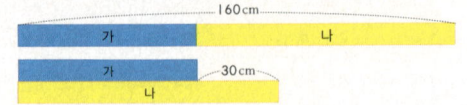

❶ 다음과 같이 두 막대 길이의 차를 나타낸 그림을 옮겼습니다. 막대 가를 2개 이어 붙인 길이를 ☐ 안에 써넣으시오.

160−30=**130**(cm)

❷ 막대 가의 길이는 몇 cm입니까? **65 cm**
130cm의 절반인 65cm입니다.

두 막대의 차를 나타낸 그림을 그대로 옆으로 옮겼군.

❸ 막대 나의 길이는 몇 cm입니까? **95 cm**
(막대 가의 길이)+30=65+30=95(cm)

[통나무의 길이]

1 길이가 다른 통나무 2개가 있습니다. 이 통나무 2개를 옆으로 이어 놓았을 때의 길이가 36cm라면 긴 통나무는 몇 cm입니까? **21 cm**

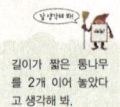
길이가 짧은 통나무를 2개 이어 놓았다고 생각해 봐.

길이가 짧은 통나무 2개의 길이가 30cm이므로 길이가 짧은 통나무 1개의 길이는 15cm입니다. 길이가 긴 통나무의 길이는 15+6=21(cm)입니다.

[두 사람의 키]

2 태경이는 초이보다 8cm 더 크고 둘의 키를 더하면 248cm입니다. 두 사람의 키를 각각 구하시오.

태경: **128** cm   초이: **120** cm

키의 합은 248cm, 키의 차는 8cm이므로 초이의 키를 2번 더하면 240cm입니다. 따라서 초이의 키는 240cm의 절반인 120cm이고, 태경이의 키는 120+8=128(cm)입니다.

창의적 문제해결력

50 51

1 고리 10개를 다음과 같이 연결해 놓았습니다. 연결한 고리의 전체 길이를 구하시오.

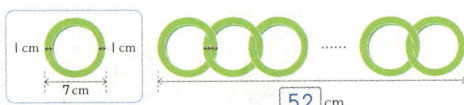

52 cm

○○○……○와 같이 10개를 늘어놓으면 전체 길이는 70cm입니다.
○○ 연결 부분이 2cm이고, 모두 9번 연결하므로 전체 길이는 70−18=52(cm)입니다.

2 길이가 다른 노란색과 파란색 종이가 있습니다. 파란색 종이의 긴 쪽의 길이는 몇 cm입니까? **14 cm**

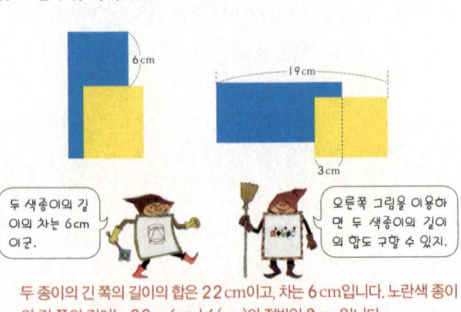

두 색종이의 길이의 차는 6cm이군.
오른쪽 그림을 이용하면 두 색종이의 길이의 합도 구할 수 있지.

두 종이의 긴 쪽의 길이의 합은 22cm이고, 차는 6cm입니다. 노란색 종이의 긴 쪽의 길이는 22−6=16(cm)의 절반인 8cm입니다.

파란색 종이의 긴 쪽의 길이는 8+6=14(cm)입니다.

동영상 특강
QR 코드를 찍어 보세요!!

3 눈금이 지워진 자로 1cm부터 10cm까지의 길이를 잴 때, 잴 수 없는 길이를 모두 더한 값을 구하시오. **22 cm**

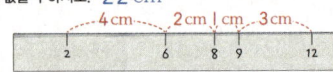

눈금 사이의 간격으로 잴 수 있는 길이는 1cm, 2cm, 3cm, 4cm, 6cm, 7cm, 10cm입니다. 따라서 잴 수 없는 길이는 5cm, 8cm, 9cm이므로 모두 더하면 5+8+9=22(cm)입니다.

4 다음 연결자의 왼쪽 끝에 막대를 하나 더 달았을 때 1cm부터 10cm까지 중에서 잴 수 있는 길이를 나타낸 것입니다. 왼쪽 끝에 연결할 막대의 길이를 구하시오. **4 cm**

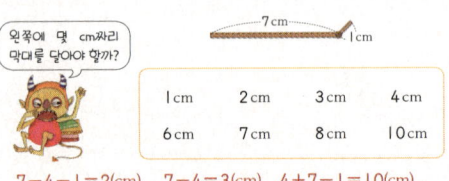

왼쪽에 몇 cm짜리 막대를 달아야 할까?

| 1 cm | 2 cm | 3 cm | 4 cm |
| 6 cm | 7 cm | 8 cm | 10 cm |

7−4−1=2(cm),   7−4=3(cm),   4+7−1=10(cm)

정답 및 해설 **11**

시각과 시간

7 시간과 시계

'시간은 금이다'와 같이 시간과 관련된 속담은 아주 많습니다. 다음 속담과 뜻을 보고 시간의 의미에 대해 생각해 봅시다.

세월이 약이다. →	시간이 지나면 아프고 속상한 일도 자연스럽게 잊혀진다.
서당개 삼 년이면 풍월을 읊는다.	서당에서 기르는 개도 글 읽는 소리를 계속 들으면 풍월을 읊는다는 뜻으로 어떤 분야에 대해 잘 모르는 사람도 시간이 오래되면 얼마간의 경험과 지식을 갖게 된다.

□ 안에 알맞은 수를 써넣으시오.

1시간 = 60 분   1시간 50분 = 110 분

85분 = 1 시간 25 분   150분 = 2 시간 30 분

1일 = 24 시간   2일 6시간 = 54 시간

시계를 보고 □ 안에 알맞은 수를 써넣으시오.

7시 5 분 전   10시 15 분 전

노트 포인트

0시부터 낮 12시까지를 오전이라 하고 낮 12시부터 밤 12시까지를 오후라고 합니다.

> 오전: 0시 ~ 낮 12시   오후: 낮 12시 ~ 밤 12시
> 1일 = 24시간   1시간 = 60분

하루가 넘는 시간을 구할 때는 24시간씩 몇 번이 지나갔는지 계산한 다음, 남은 시간을 계산합니다.

오늘 오후 3시부터 2일 후 오후 8시까지의 시간 구하기

오늘 오후 3시 ⇒ 2일 후 오후 3시 ⇒ 2일 후 오후 8시
　　　　2일=48시간　　　　5시간
　　　　48시간+5시간=53시간

시간 구하기

음식이 만들어진 날을 제조일이라고 하고, 음식을 안전하게 판매할 수 있는 마지막 날을 유통기한이라고 합니다. 제조일로부터 유통기한까지 음식의 유통시간을 계산해 보시오.

제 조 일: 6월 2일 오전 10시
유통기한: 6월 4일 오후 6시

6월 2일 오전 10시
6월 4일 오전 10시   48 시간
6월 4일 오후 6시   + 8 시간
　　　　　　　　유통시간: 56 시간

제 조 일: 6월 1일 오후 6시
유통기한: 6월 5일 오전 8시

6월 1일 오후 6시
6월 4일 오후 6시   72 시간
6월 5일 오전 8시   + 14 시간
　　　　　　　　유통시간: 86 시간

제 조 일: 6월 1일 오후 2시
유통기한: 6월 6일 오전 10시

6월 1일 오후 2시
6월 5일 오후 2시   96 시간
6월 6일 오전 10시   + 20 시간
　　　　　　　　유통시간: 116 시간

[산책한 시간]

1 초이는 부모님과 근처 공원에 산책을 다녀왔습니다. 출발한 시각과 집에 돌아온 시각이 다음과 같을 때, 초이가 부모님과 산책한 시간은 몇 시간 몇 분인지 구하시오. **1시간 50분**

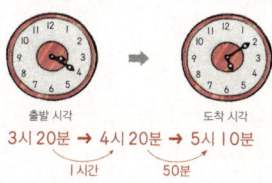

출발 시각　　　　도착 시각

3시 20분 → 4시 20분 → 5시 10분
　　　1시간　　　　50분

[소풍까지 남은 시간]

2 지오네 학교에서는 며칠 뒤 놀이공원으로 소풍을 가기로 되어 있습니다. 소풍은 5월 14일 오전 10시에 학교에서 모두 모여 출발한다고 합니다.

① 지금이 5월 13일 오전 10시라면 소풍을 출발하기까지 지오가 기다려야 하는 시간을 구하시오. **24시간**

② 지금이 5월 12일 오후 7시라면 소풍을 출발하기까지 지오가 기다려야 하는 시간을 구하시오. **39시간**

시각이 오전인지 오후인지 구별하지 못하겠지.

5월 12일 오후 7시 → 5월 13일 오후 7시 → 5월 14일 오전 10시
　　　　　24시간　　　　　　15시간
　　　　　24시간 + 15시간 = 39시간

58
59

🐌 시곗바늘이 겹쳐지는 때

하루 동안 I2시 정각과 같이 시계의 긴바늘과 짧은바늘이 만나서 겹쳐지는 경우는 모두 몇 번인지 알아봅시다.

I2시

❶ I2시를 지나면서 긴바늘이 먼저 돌기 시작해서 I시가 될 때까지 긴바늘과 짧은바늘은 만나지 않습니다.

❷ I시 이후 2시 정각이 될 때까지 긴바늘과 짧은바늘은 몇 번 만납니까? I번

❸ 정각을 지나서 다음 정각이 될 때까지 긴바늘과 짧은바늘이 몇 번 만나는지 다음 표를 완성하시오.

시간	I2시 이후 I시까지	I시 이후 2시까지	2시 이후 3시까지	3시 이후 4시까지	4시 이후 5시까지	5시 이후 6시까지
횟수	0	I	I	I	I	I
시간	6시 이후 7시까지	7시 이후 8시까지	8시 이후 9시까지	9시 이후 I0시까지	I0시 이후 II시까지	II시 이후 I2시까지
횟수	I	I	I	I	I	I

❹ 하루 동안 시계의 긴바늘과 짧은바늘은 모두 몇 번 겹쳐집니까? 22번

시계는 오전, 오후 I2시간이 2번 반복돼.

58 B2 측정

[앞뒤가 똑같은 시각]

1 아인이네 집에 있는 디지털 시계가 오전 9시 I2분을 가리키고 있습니다. 같은 날 오후 9시까지 시와 분을 나타내는 숫자가 똑같은 경우는 모두 몇 번 있습니까? II번

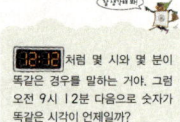

처럼 몇 시와 몇 분이 똑같은 경우를 말하는 거야. 그럼 오전 9시 I2분 다음으로 숫자가 똑같은 시각이 언제일까?

오전 9시부터 오후 9시까지는 I시간에 한 번씩 모두 I2번 있습니다. 그런데 오전 9시 I2분부터 같은 날 오후 9시까지이므로 오전 9시 9분을 나타내는 경우를 제외합니다.

[일직선인 시곗바늘]

2 그림과 같이 긴바늘과 짧은바늘이 일직선이 되는 경우가 있습니다. 오후 3시부터 오후 7시까지 두 바늘이 일직선이 되는 경우는 몇 번 있습니까? 3번

긴바늘과 짧은바늘이 6시에 일직선이 된다는 사실을 알지 못할 걸?

3시~4시 사이: I번 ⎤
4시~5시 사이: I번 ⎬ 3번
5시~7시 사이: I번 ⎦

5시와 7시 사이에는 6시 정각 한 번만 일직선이 됩니다.

Chapter 3 시각과 시간 59

---

8 시각과 시간

60
61

실례지만 지금 시간이 어떻게 되나요?

지금 시간은 3시 30분이에요.

저 두 사람은 시간과 시각을 잘못 사용하고 있군.

時 때시

刻 새길각

間 사이간

맞아. 몇 시인지 물어볼 때는 '한 순간의 때'를 나타내는 시각(時刻)이라고 해야지.

시간(時間)이라고 하면 얼마 동안이라는 뜻이 된다고.

시각은 '지금은 I시 20분입니다.'와 같이 한 순간의 때를 의미하고, 시간은 '영화를 I시간 20분 동안 보았어.'와 같이 얼마 동안을 의미합니다.

다음 글에서 잘못 사용한 말을 모두 찾아 △표 하시오.

어제는 줄넘기를 했다. 줄넘기를 시작한 △시간△은 I시 30분이고, 끝난 △시간△은 3시였다. △시간△ 30분 동안 줄넘기를 했더니 피곤해서 낮잠을 잤다. 일어나서 시계를 보니 5시 40분이었다.

60 B2 측정

🔽 밑줄 친 부분이 시각을 나타내면 '시각', 시간을 나타내면 '시간'이라고 쓰시오.

아인이는 2시 20분에 집에서 나와 20분 후에 서점에 도착하였습니다.

시각   시간

서점에서 I시간 I0분간 책을 보고 집에 오니 5시 30분이 되었습니다.

시간   시각

🧙 똑똑 포인트

시간을 구할 때는 끝나는 시각에서 시작 시각을 빼서 계산합니다.

① 끝나는 시각의 분이 시작 시각의 분보다 작다면 시를 나타내는 수에서 60을 빌려옵니다.

5시 49분에서 9시 32분까지의 시간 구하기

$$\begin{array}{r} \overset{8}{9}시\ \overset{60}{32}분 \\ -\ 5시\ 49분 \\ \hline 3시간\ 43분 \end{array}$$

② 오전의 시각에서 오후의 시각까지의 시간을 구할 때는 시각을 24시로 바꾸어서 계산할 수도 있고, I2시를 기준으로 나누어서 계산할 수도 있습니다.

오전 I0시 23분에서 오후 5시 38분까지의 시간 구하기

오후 5시 38분을 I7시 38분으로 바꾸어 계산합니다.

$$\begin{array}{r} 17시\ 38분 \\ -\ 10시\ 23분 \\ \hline 7시간\ 15분 \end{array}$$

I2시에서 I0시 23분을 빼고, 오후의 시각을 더합니다.

$$\begin{array}{r} \overset{11}{12}시\ \overset{60}{}분 \\ -\ 10시\ 23분 \\ \hline 1시간\ 37분 \end{array} \qquad \begin{array}{r} 1시간\ 37분 \\ +\ 5시\ 38분 \\ \hline 7시간\ 15분 \end{array}$$

Chapter 3 시각과 시간 61

정답 및 해설 **13**

🐱 시각과 시간 구하기

TV 프로그램 시간표를 보고 시각과 시간을 구해 봅시다.

EBS 프로그램 시간표

시작 시각	프로그램
오전 8시 20분	한국의 전통놀이
8시 50분	세계 여행
9시 30분	다큐 학교
10시 45분	명화극장
오후 12시 35분	주말 만화

* 각 프로그램이 끝나면 5분 동안 광고가 나갑니다.

❶ 각 프로그램은 다음 프로그램이 시작하기 5분 전에 끝납니다. '명화극장'이 끝나는 시각은 오후 몇 시 몇 분입니까? **오후 12시 30분**
주말 만화가 시작하기 5분 전에 끝나므로
오후 12시 35분 − 5분 = 오후 12시 30분에 끝납니다.

❷ '명화극장'이 방영되는 시간을 식을 완성하여 구하시오.

$$\begin{array}{r} \boxed{12}\,시\ \boxed{30}\,분 \\ -\ \boxed{10}\,시\ \boxed{45}\,분 \\ \hline \boxed{1}\,시간\ \boxed{45}\,분 \end{array}$$

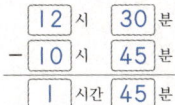
시간은 어떤 일이 끝난 시각에서 시작한 시각을 빼서 구할 수 있어.

❸ '명화극장'이 시작하기 2시간 20분 전에 방영되고 있는 프로그램은 무엇입니까?
10시 45분 − 2시간 20분 = 8시 25분   **한국의 전통놀이**

[마술 공연 시간]

1 아인이는 할아버지와 함께 마술 공연을 보러 왔습니다. 마술 공연은 1시간 20분 동안 하고 30분을 쉰 후 다음 공연을 합니다. 다음 물음에 답하시오.

환상적인 마술 공연을 보러 오렴.

❶ 빈칸에 알맞은 시각을 써넣어 시간표를 완성하시오.

회차	공연 시작 시각	공연 종료 시각
1	오전 9시	오전 10시 20분
2	오전 10시 50분	오후 12시 10분
3	오후 12시 40분	오후 2시
4	오후 2시 30분	오후 3시 50분

❷ 아인이가 보려고 하는 마술 공연은 3회차 공연입니다. 표를 공연 시작 2시간 40분 전에 구입하였다면 표를 구입한 시각은 언제입니까?
3회 공연은 오후 12시 40분에 시작합니다.   **오전 10시**
오후 12시 40분 − 2시간 40분 = 오전 10시

3회 공연의 시작 시각은 오후란다.

🐱 낮과 밤의 길이

다음은 어느 해 1월 1일 서울과 시드니의 해 뜨는 시각과 해 지는 시각을 나타낸 표입니다. 두 도시의 낮의 길이를 구해 봅시다.

시드니는 호주에 있어.

1월 1일이면 서울은 겨울이고, 시드니는 여름이야.

도시	해 뜨는 시각	해 지는 시각
서울	오전 7:50	오후 5:20
시드니	오전 5:50	오후 8:10

❶ 하루의 시각을 24시로 나타내면 오후의 시각은 12시간을 더해 주면 됩니다. 시드니의 해 지는 시각을 24시로 나타내시오.

도시	해 뜨는 시각	해 지는 시각
서울	7:50	17:20
시드니	5:50	20:10

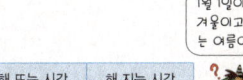
오후 8:10에 12시간을 더해 주면 돼.

❷ 낮의 길이는 해 지는 시각에서 해 뜨는 시각을 빼서 구합니다. ☐ 안에 알맞은 수를 써넣으시오.

서울의 낮의 길이
$$\begin{array}{r} 17\,시\ 20\,분 \\ -\ 7\,시\ 50\,분 \\ \hline \boxed{9}\,시간\ \boxed{30}\,분 \end{array}$$

시드니의 낮의 길이
$$\begin{array}{r} \boxed{20}\,시\ \boxed{10}\,분 \\ -\ \boxed{5}\,시\ \boxed{50}\,분 \\ \hline \boxed{14}\,시\ \boxed{20}\,분 \end{array}$$

[해가 지는 시각]

1 오늘 아침의 해 뜨는 시각은 5시 10분입니다. 오늘 낮의 길이가 14시간 40분이라면 해가 지는 시각은 오후 몇 시 몇 분인지 구하시오.
오후 7시 50분

일출   일몰

해가 지는 시각: 5시 10분 + 14시간 40분 = 19시 50분 = 오후 7시 50분

[밤의 길이]

2 하루의 낮과 밤의 길이는 매일 조금씩 달라집니다. 다음은 해가 뜨는 시각과 해가 지는 시각을 나타낸 표입니다. 낮의 길이가 가장 짧은 날의 밤의 길이를 구하시오. **14시간 27분**

날짜	해 뜨는 시각	해 지는 시각
12월 20일	오전 7시 42분	오후 5시 16분
12월 21일	오전 7시 43분	오후 5시 16분
12월 22일	오전 7시 43분	오후 5시 17분

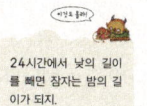
24시간에서 낮의 길이를 빼면 잠자는 밤의 길이가 되지.

낮의 길이가 가장 짧은 날: 12월 21일
낮의 길이: 17시 16분 − 7시 43분 = 9시간 33분
밤의 길이: 24시간 − 9시간 33분 = 14시간 27분

66 67

9 시차

영국에 살던 필리어스 포그는 친구들과 80일만에 지구 한 바퀴를 돌아 영국으로 다시 돌아온다는 내기를 하였습니다.

> 80일 만에 지구 한 바퀴를 돌아 다시 여기로 올 수 있어.

> 포그가 제정신이 아니야. 그건 불가능해.

아쉽게도 포그는 81일이 걸려서야 지구를 한 바퀴 돌아 친구들과의 약속 장소에 나타나게 됩니다. 그런데 영국의 날짜는 그가 떠난 날로부터 80일이 지난 날이었습니다.

> 오늘이 81일째군. 하루가 늦어 내기에 졌어.

> 아니야, 포그. 자네는 정말 80일만에 돌아왔어. 자네가 이겼어.

위 이야기는 「80일간의 세계 일주」라는 소설의 줄거리입니다. 포그는 81일이 걸려서 지구 한 바퀴를 돌았다고 생각했지만 사실 80일이 걸린 이유는 동쪽으로 돌았기 때문입니다.

해가 늦게 뜬다. / 해가 빨리 뜬다.

동쪽은 서쪽보다 해가 먼저 뜨기 때문에 동쪽으로 계속 가게 되면 아침이 점점 빨라지고 지구를 한 바퀴 돈 포그는 영국에 사는 사람보다 해 뜨는 것을 한 번 더 본 것이 됩니다.

만약, 포그가 서쪽으로 지구를 한 바퀴 돌았다면 며칠 동안 세계 일주를 했다고 생각했을까요? **79일**
서쪽으로 지구를 한 바퀴 돌면 영국에 있던 사람보다 해가 뜨는 것을 한 번 덜 보게 되므로 79일 동안 여행한 것으로 생각할 수 있습니다.

66 B2 측정

세계의 시각은 영국의 그리니치 천문대를 기준으로 정해진 것으로 각 나라의 시각은 나라의 위치에 따라 다릅니다. 다음은 각 나라의 현재 시각을 나타낸 것입니다. 영국을 기준으로 각 나라의 시각이 얼마나 빠르고 느린지 쓰시오. 단, 모든 나라의 날짜는 같습니다.

영국(오전)

한국(오후)

미국 뉴욕(오전)

중국 베이징 (오후)

브라질(오전)

> 영국이 오전 10시, 한국이 오후 7시이니 한국이 무려 9시간이 빠르군. 미국은 오전 5시야. 잠깐 시간이군.

한국	9시간 빠름
미국 뉴욕	5시간 느림
중국 베이징	8시간 빠름
브라질	3시간 느림

토론 포인트

시차는 둥글게 생긴 지구가 돌고 있기 때문에 생깁니다. 지구는 동쪽으로 돌고 있기 때문에 해가 동쪽에서 먼저 뜨는 것입니다.

시차를 계산할 때는 두 지역 중 시각이 빠른 지역에서 시차를 빼면 느린 지역의 시각이 되고, 반대로 시각이 느린 지역에서 시차를 더하면 빠른 지역의 시각이 됩니다.

한국 : 오후 7시 → 한국이 9시간 빠름 → 한국이 오전 5시일 때
영국 : 오전 10시 → 영국 : 오전 5시−9시간=하루 전 오후 8시

---

68 69

세계의 시각

초이는 영국에 살고 있는 친구 소영이에게 메시지를 받았습니다. 메시지를 본 초이는 친구 소영이가 있는 런던의 시각이 궁금해졌습니다.

> 지금 한국 시각은 오후 5시인데 런던은 몇 시일까?

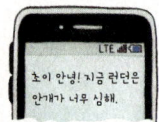
> 초이 안녕! 지금 런던은 안개가 너무 심해.

초이는 인터넷을 검색하여 다음과 같은 표를 찾았습니다.

한국	영국 런던	미국 LA
11월 2일 오후 10시	11월 2일 오후 1시	11월 2일 오전 5시

❶ 한국이 오후 10시이면 런던은 오후 1시입니다. 한국이 오후 9시이면 런던은 정오(낮 12시)가 됩니다. 한국이 오후 8시이면 런던은 몇 시가 됩니까?
오전 11시

❷ 초이가 메시지를 본 시각은 오후 5시입니다. 영국 런던은 몇 시입니까?
오전 8시

> 5시간씩 빼주면 되겠군! 너무 쉽잖아.

68 B2 측정

[세계의 현재 시각]

1 서울, 영국 런던, 캐나다 밴쿠버의 시각을 비교한 것입니다.

> 서울 : 런던보다 9시간 빠릅니다.
> 런던 : 밴쿠버보다 8시간 빠릅니다.

> 서울은 밴쿠버보다 몇 시간 빠르지?

현재 서울 시각이 오후 11시라면 밴쿠버는 몇 시입니까? **오전 6시**

캐나다 밴쿠버 / 서울

서울은 밴쿠버보다 17시간 빠르므로 오후 11시−17시간=오전 6시

[통화 가능한 도시]

2 지오는 삼촌이 다니는 회사에 견학을 갔다가 세계 주요 도시의 현재 시각을 보았습니다. 서울에서 오후 2시에 전화를 할 수 없는 도시 이름을 쓰시오. 단, 모든 나라의 날짜는 같습니다. **파리**

주의사항
각 도시의 현지 시각이 오전 8시부터 오후 7시까지만 전화를 할 수 있습니다.

서울(오후)

두바이(오후)

파리(오전) / 모스크바(오후)

도시	서울	두바이	파리	모스크바
시차	·	−5시간	−7시간	−6시간
시각	오후 2시	오전 9시	오전 7시	오전 8시

정답 및 해설 **15**

🐢 시차 이용하여 시간 구하기

태경이 삼촌은 내일 이탈리아 로마로 처음으로 해외 출장을 갑니다.

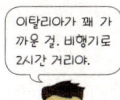
이탈리아가 꽤 가까울 걸. 비행기로 2시간 거리야.
태경이 삼촌

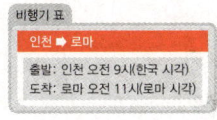
비행기 표
인천 ▶ 로마
출발: 인천 오전 9시(한국 시각)
도착: 로마 오전 11시(로마 시각)

삼촌, 시차를 생각하셔야 해요.
태경

❶ 다음은 오늘 현재 서울과 로마의 시각입니다. 서울과 로마의 시차를 구하시오.
8시간

서울	로마
오후 4시	오전 8시

오후 4시－오전 8시＝16시－8시＝8시간

❷ 출발 시각인 오전 9시는 한국 시각입니다. 로마 시각으로는 몇 시입니까?
오전 1시
오전 9시－8시간＝오전 1시

❸ 서울에서 로마까지 비행기를 몇 시간 타야 합니까? **10시간**
오전 11시－오전 1시＝10시간

---

1 [메이저리그 야구 경기]
아인이는 미국 메이저리그 야구 경기를 자주 보기 때문에 미국 텍사스에서 하는 야구 경기의 날짜와 경기 시각을 한국 시각으로 바꾸어 표로 만들어 두었습니다. 나머지 빈칸을 채우시오.

미국 텍사스		한국	
날짜	경기 시각	날짜	경기 시각
4월 9일	오후 8시	4월 10일	오전 11시
4월 15일	오후 5시	4월 16일	오전 8시
4월 23일	오후 1시	4월 24일	오전 4시

한국이 미국 텍사스 시각보다 15시간 빠릅니다.
오전 8시－15시간＝전날 오후 5시
오후 1시＋15시간＝다음날 오전 4시

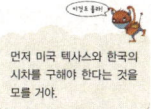
먼저 미국 텍사스와 한국의 시차를 구해야 한다는 것을 모를 거야.

2 [아르헨티나의 시각]
아르헨티나는 서울보다 12시간이 느립니다. 인천공항에서 4월 5일 오후 4시에 출발한 비행기가 총 25시간이 걸려 아르헨티나에 도착하였습니다. 비행기가 도착한 아르헨티나의 현지 날짜와 시각을 구하시오.
4월 6일 오전 5시

도착한 날짜와 시각:
4월 5일 오후 4시＋25시간－12시간
＝4월 6일 오전 5시

👩 창의적 문제해결력

1 태경이는 KTX를 타고 서울에서 출발하여 부산에 오후 1시 40분에 도착하였습니다. 다음 날 부산에서 KTX를 타고 서울에 오후 4시 10분에 도착하려면 몇 시 몇 분에 KTX를 타야 합니까? 단, 서울에서 부산까지 가는 데 걸리는 시간과 부산에서 서울까지 오는 데 걸리는 시간은 같습니다. **오후 1시 50분**

KTX 승차권
서울 ▶ 부산
출발시각 11시 20분
좌석번호 10D
요금 58,800원

걸리는 시간: 1시 40분－11시 20분＝2시간 20분
KTX를 타야 하는 시각: 16시 10분－2시간 20분＝13시 50분＝오후 1시 50분

2 어느 날 낮의 길이가 밤의 길이보다 1시간 16분이 더 길었습니다. 이 날 낮의 길이는 몇 시간 몇 분입니까? **12시간 38분**

1시간 16분＝76분
76분의 반은 38분이므로
낮의 길이: 12시간＋38분＝12시간 38분

📍 동영상 특강
QR 코드를 찍어 보세요!

3 합창단원인 초이는 오전 10시 20분부터 합창 연습을 하고 1시간 동안 점심을 먹었습니다. 점심 식사 후 다시 오후 연습을 하였습니다. 오후 연습이 끝난 시각이 3시 20분이고 오전 연습보다 오후 연습이 40분 길었다면 오후 연습이 시작된 시각을 구하시오. **오후 1시**

시작

끝

전체 연습 시간: 15시 20분－10시 20분－1시간＝4시간
오전 연습 시간: 1시간 40분, 오후 연습 시간: 2시간 20분
오후 연습이 시작된 시각: 오후 3시 20분－2시간 20분＝오후 1시

4 중국 베이징은 일본 도쿄보다 1시간이 느리고, 호주 시드니보다는 2시간이 빠릅니다. 다음 시계를 보고 각 나라와 도시의 이름을 써넣으시오. 단, 시계는 모두 오전을 나타냅니다.

중국 베이징

호주 시드니

일본 도쿄

주어진 시계 중 시각의 차가 1시간인 시계 2개 중 빠른 쪽이 일본, 늦은 쪽이 중국입니다. 나머지 시계가 호주입니다.

10 일주일, 한 달, 일 년

옛날 사람들은 다음 7개의 천체가 지구 가까이에 있다고 믿었습니다. 각 요일의 이름인 일요일(태양), 월요일(달), 화요일(화성), 수요일(수성), 목요일(목성), 금요일(금성), 토요일(토성)을 천체의 이름에서 따서 붙였습니다.

| 태양 | 달 | 화성 | 수성 | 목성 | 금성 | 토성 |

우리가 쓰는 요일은 천체의 이름이었어.
지오

| 일 | 월 | 화 | 수 | 목 | 금 | 토 |

지구가 스스로 도는 것을 자전이라고 하고, 태양 주위를 도는 것을 공전이라고 합니다.
지구가 스스로 한 바퀴 도는 데 몇 시간이 걸릴까요? **24시간**
지구가 스스로 한 바퀴 도는 데 1일(24시간)이 걸립니다.

지구가 태양 주위를 한 바퀴 도는 데 몇 년이 걸릴까요? **1년**
지구가 태양 주위를 한 바퀴 도는 데 1년(365일)이 걸립니다.

안에 알맞은 수를 써넣으시오.

1주일= **7** 일

3주일= **21** 일

35일= **5** 주일

1년= **12** 개월

2년 3개월= **27** 개월

22개월= **1** 년 **10** 개월

어느 해 4월의 달력입니다. 4월 2일과 같은 요일인 날짜를 모두 쓰시오.
9일, 16일, 23일, 30일

4월

일	월	화	수	목	금	토
					1	2
3	4	5	6	7	8	9
10	11	12	13	14	15	16
17	18	19	20	21	22	23
24	25	26	27	28	29	30

노크 포인트

하루는 24시간이고, 1주일은 7일입니다.

일	월	화	수	목	금	토
1	2	3	4	5	6	7
8	9	10	11	12	13	14

➡ 같은 요일은 7일에 한 번씩 반복됩니다.

1년은 12개월, 365일입니다. 1년은 지구가 태양 주위를 한 바퀴 도는 시간으로 정하였는데 정확하게 365일보다 조금 깁니다. 그래서 4년에 한 번씩은 366일인 달력을 사용하고 있습니다.

날짜 구하기

태경이의 어머니는 휴대 전화에 기념일이 얼마나 남았는지 표시하는 어플을 깔았습니다. 휴대 전화 화면에는 남은 기간이 다음과 같이 표시됩니다.

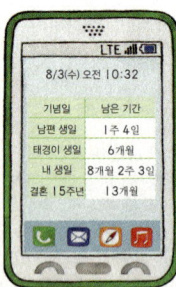

8/3(수) 오전 10:32

기념일	남은 기간
남편 생일	1주 4일
태경이 생일	6개월
내 생일	8개월 2주 3일
결혼 15주년	13개월

❶ 오늘은 8월 3일 수요일입니다. 태경이 아버지의 생일은 며칠 후입니까? **11일**

❷ 태경이 아버지의 생일은 몇 월 며칠입니까?
8월 14일

내 남편이 태경이 아버지지. 호호~

8월 3일+11일=8월 14일

❸ 결혼 15주년은 몇 월 며칠입니까? **9월 3일**
13개월은 1년과 1개월이므로 오늘부터 1달 뒤인 9월 3일과 날짜가 같습니다.

1개월은 1달과 같아.

❹ 태경이의 생일에 어머니의 생일은 몇 개월 몇 주 며칠이 남았다고 표시됩니까?
2개월 2주 3일
8개월 2주 3일−6개월=2개월 2주 3일

[친구들의 생일]

1 아인이는 반 친구들의 생일이 얼마나 지났는지 또는 얼마나 남았는지를 물어 본 다음 친구들의 대답을 적어 놓았습니다. 빈칸에 친구들의 생일을 쓰시오.

질문한 날짜: 5월 11일

이름	대답	생일
수미	2개월 1주 남았어!	**7월 18일**
민주	3개월이 지났어.	**2월 11일**
승호	2주 2일 후야.	**5월 27일**
다정	3개월하고도 12일이 더 지나야 해.	**8월 23일**
현호	1개월 5일 전이었어.	**4월 6일**

수미: 5월 11일+2개월 7일=7월 18일   민주: 5월 11일−3개월=2월 11일
승호: 5월 11일+16일=5월 27일   다정: 5월 11일+3개월 12일=8월 23일
현호: 5월 11일−1개월 5일=4월 6일

[전국 축구 대회]

2 노크 초등학교 축구부가 전국 축구 대회에 출전하게 되었습니다. 대회가 끝나는 날의 날짜와 요일을 구하시오. **4월 21일 수요일**

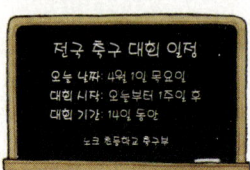

전국 축구 대회 일정
오늘 날짜: 4월 1일 목요일
대회 시작: 오늘부터 1주일 후
대회 기간: 14일 동안
노크 초등학교 축구부

대회가 시작하는 날: 4월 8일 (목요일)
대회가 끝나는 날: 4월 8일+14일=4월 22일 ➜ 4월 21일 (수요일)
시작하는 날을 포함하여 14일 동안 축구 대회가 개최되므로 끝나는 날은 시작한 날에서 기간을 더한 후, 하루 전날을 구해야 합니다.

🐾 날짜와 요일 구하기

아인이는 어느 해 10월 1일에 달력을 보면서 이번 달의 행사를 확인하고 있습니다. 달력을 보고 알맞은 날짜와 요일을 찾아봅시다.

10월

일	월	화	수	목	금	토
				1	2	3 개천절
4	5	6	7	8	9	10
11	12	13	14	15	16	17
18	19	20	21	22	23	24
25	26	27	28	29	30	31

❶ 14일 후면 친구인 지오의 생일입니다. 올해 지오의 생일은 무슨 요일입니까?
지오의 생일: 10월 15일 목요일　　**목요일**

❷ 넷째 토요일에는 가족끼리 영화를 보러 가기로 하였습니다. 넷째 토요일은 10월 며칠입니까?　　**24일**

❸ 체육 시간이 있는 요일은 짝수인 날짜가 3번입니다. 체육 시간이 있는 요일은 무슨 요일입니까?　　**금요일**

❹ 아인이는 한글날에 할아버지 댁에 놀러 가서 두 밤을 자고 집으로 돌아오기로 했습니다. 아인이가 집에 돌아오는 날은 무슨 요일입니까?　　**일요일**
한글날은 10월 9일 금요일이므로 집에 돌아오는 날은 일요일입니다.

[부모님의 결혼기념일]

1 초이는 부모님의 결혼 날짜가 궁금해서 어머니께 여쭈어 보니 2002년 7월 둘째 토요일이라고 하셨고, 신혼 여행은 결혼식 3일 뒤에 떠났다고 하셨습니다. 부모님이 신혼 여행을 떠난 날을 구하시오.　**2002년 7월 16일**

2002년 7월

일	월	화	수	목	금	토
	1	2	3	4	5	6
7	8	9	10	11	12	13
14	15	16	17	18	19	20
21	22	23	24	25	26	27
28	29	30	31			

결혼 날짜는 2002년 7월 13일이고, 신혼 여행을 떠난 날은 2002년 7월 16일입니다.

[일일 반장 체험]
2 지오네 반에서는 이번 달에 반장을 하루씩 돌아가면서 하기로 하였습니다. 달력을 보고 지오, 아인이, 태경이 중에서 반장을 먼저 하는 순서대로 이름을 쓰시오.　　**태경 - 지오 - 아인**

일	월	화	수	목	금	토
1	2	3	4	5	6	7
8	9	10	11	12	13	14
15	16	17	18	19	20	21
22	23	24	25	26	27	28
29	30					

지오는 셋째 수요일에, 아인이는 27일의 일주일 전에, 태경이는 11일의 다음 주 월요일에 반장을 하렴.

태경이는 16일, 지오는 18일, 아인이는 20일에 반장을 하게 됩니다.

---

⑪ 1년의 달력

옛날 로마의 달력은 3월부터 시작하였고 로마의 카이사르에 의하여 홀수 달은 31일, 짝수 달은 30일, 마지막 달인 2월만 29일로 정하여 1년이 365일이었습니다.

8월은 영어로 아우구스트(August)라고 하지. 내 이름을 아우구스투스를 따서 붙인 거야.

2월의 하루를 나의 생일이 있는 8월로 옮겨서 8월을 31일까지 있도록 해라.

아우구스투스

카이사르의 아들인 아우구스투스는 자신의 생일이 있는 8월이 30일인 것에 불만을 가져서 달력을 고쳤습니다.

아우구스투스는 2월에서 하루를 빼서 8월을 31일로 만들었고 9월과 11월은 30일, 10월과 12월은 31일로 고쳤습니다.

주먹을 쥐어 각 달의 날 수를 알 수 있습니다. 다음 방법으로 각 달이 며칠까지 있는지 구하시오.

왼쪽부터 차례로 1월, 2월, 3월……이라고 할 때 볼록한 달은 31일까지 있고, 오목한 달은 2월을 제외하고 30일까지 있습니다. 2월은 28일 또는 29일까지 있습니다.

월	1	2	3	4	5	6	7	8	9	10	11	12
날수	31	28	31	30	31	30	31	31	30	31	30	31

😀 1년의 달력에 대한 설명이 맞으면 ○표, 틀리면 ×표 하시오.

- 1년은 모두 12개의 달로 되어 있습니다.　**○**
- 8월의 마지막 날은 31일입니다.　**○**
- 11월은 31일까지 있습니다.　**×**
- 가장 날 수가 많은 달은 2월입니다.　**×**

😀 2019년 7월 달력을 보고 □ 안에 알맞은 말을 써넣으시오.

2019년 7월

일	월	화	수	목	금	토
	1	2	3	4	5	6
7	8	9	10	11	12	13
14	15	16	17	18	19	20
21	22	23	24	25	26	27
28	29	30	31			

- 2019년 6월 30일은 **일** 요일
- 2019년 8월 1일은 **목** 요일

🔎 링크 포인트

달력을 보면 날짜와 요일을 알 수 있고, 다른 달의 요일도 알아볼 수 있습니다.

5월

일	월	화	수	목	금	토
					1	2
3	4	5	6	7	8	9
10	11	12	13	14	15	16
17	18	19	20	21	22	23
24 31	25	26	27	28	29	30

5월 5일 어린이날은 화요일입니다.
3일 뒤인 5월 8일 어버이날은 금요일입니다.
넷째 월요일인 5월 25일은 석가탄신일입니다.

6월 6일 현충일이 무슨 요일인지 알아보기

5월 31일(일요일)	→1일 후→	6월 1일(월요일)	→5일 후→	6월 6일(토요일)

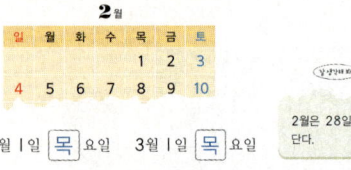

🐮 요일 구하기

다음은 어느 해 8월과 9월 달력입니다. 두 달력을 보고 10월의 달력을 알아봅시다.

8월

일	월	화	수	목	금	토
						1
2	3	4	5	6	7	8
9	10	11	12	13	14	15
16	17	18	19	20	21	22
23 30	24 31	25	26	27	28	29

9월

일	월	화	수	목	금	토
	1	2	3	4	5	
6	7	8	9	10	11	12
13	14	15	16	17	18	19
20	21	22	23	24	25	26
27	28	29	30			

❶ 8월 15일 광복절은 무슨 요일입니까? <u>토요일</u>

❷ 8월 31일과 9월 1일은 각각 무슨 요일입니까? <u>월요일, 화요일</u>

❸ 9월의 첫째 토요일은 9월 5일입니다. 둘째 토요일과 셋째 토요일은 각각 며칠입니까? <u>12일, 19일</u>

❹ 10월 1일은 무슨 요일입니까? <u>목요일</u>

❺ 한글날은 10월 9일입니다. 한글날은 무슨 요일입니까? <u>금요일</u>

[2월과 3월 달력]

1 2월 달력을 보고 2월 1일과 3월 1일은 각각 무슨 요일인지 구하시오.

2월

일	월	화	수	목	금	토
					1	2	3
4	5	6	7	8	9	10

2월은 28일까지 있단다.

2월 1일 <u>목</u> 요일   3월 1일 <u>목</u> 요일

2월 28일은 수요일입니다.

[크리스마스와 1월 1일]

2 12월 25일은 크리스마스입니다. 2015년 12월 달력을 보고 물음에 답하시오.

2015년 12월

일	월	화	수	목	금	토
		1	2	3	4	5
6	7	8	9	10	11	12

12월의 마지막 날은 무슨 요일일까?

❶ 2016년 1월 1일은 무슨 요일인지 구하시오. <u>금요일</u>
2015년 12월 31일은 목요일입니다.

❷ 2016년의 크리스마스는 일요일입니다. 2017년 1월 2일은 무슨 요일인지 구하시오. <u>월요일</u>
2016년 12월 25일에서 8일 후가 2017년 1월 2일입니다.

🐿 몇 월 일까요?

2018년 달력을 보고 한 해 동안 일어나는 일의 날짜와 요일을 알아봅시다.

❶ 아인이네 학교는 3월 2일에 새 학기를 시작합니다. 새 학기를 시작하는 날은 무슨 요일입니까? <u>금요일</u>

❷ 아인이네 학교는 여름 방학식을 7월 30일에 하고 개학식은 그로부터 24일 후에 합니다. 2학기 개학은 몇 월 며칠입니까? <u>8월 23일</u>

❸ 아인이의 생일은 11월 넷째 금요일입니다. 아인이의 생일은 몇 월 며칠입니까? <u>11월 23일</u>

❹ 아인이는 생일에 가족 여행을 떠나 22일 후에 돌아오기로 했습니다. 여행에서 돌아오는 날은 무슨 요일입니까? <u>토요일</u>
아인이의 생일은 11월 23일 금요일이므로 22일 후의 요일은 토요일입니다.

[세 달의 달력]

1 다음은 어느 해의 연속된 세 달의 달력을 순서대로 나타낸 것입니다. 각각 몇 월의 달력인지 쓰시오.

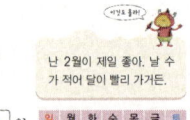
각 달의 마지막 날이 며칠인지 보렴.

일	월	화	수	목	금	토
1	2	3	4	5	6	7
8	9	10	11	12	13	14
15	16	17	18	19	20	21
22	23	24	25	26	27	28
29	30	31				

일	월	화	수	목	금	토
			1	2	3	4
5	6	7	8	9	10	11
12	13	14	15	16	17	18
19	20	21	22	23	24	25
26	27	28	29	30	31	

일	월	화	수	목	금	토
						1
2	3	4	5	6	7	8
9	10	11	12	13	14	15
16	17	18	19	20	21	22
23 30	24	25	26	27	28	29

<u>7</u>월   <u>8</u>월   <u>9</u>월

31일까지 있는 달이 연속된 경우는 7월과 8월 밖에 없습니다.

[달이 지워진 달력]

2 다음은 같은 해의 2, 3, 4, 5월의 달력입니다. 각각 몇 월의 달력인지 쓰시오.

난 2월이 제일 좋아. 날 수가 적어 달이 빨리 가거든.

<u>3</u>월

일	월	화	수	목	금	토
						1
2	3	4	5	6	7	8
9	10	11	12	13	14	15
16	17	18	19	20	21	22
23 30	24 31	25	26	27	28	29

<u>5</u>월

일	월	화	수	목	금	토
				1	2	3
4	5	6	7	8	9	10
11	12	13	14	15	16	17
18	19	20	21	22	23	24
25	26	27	28	29	30	31

<u>4</u>월

일	월	화	수	목	금	토
1	2	3	4	5
6	7	8	9	10	11	12
13	14	15	16	17	18	19
20	21	22	23	24	25	26
27	28	29	30			

<u>2</u>월

일	월	화	수	목	금	토
					1	2
3	4	5	6	7	8	9
10	11	12	13	14	15	16
17	18	19	20	21	22	23
24	25	26	27	28		

3월과 5월은 31일까지 있고, 2월은 28일(또는 29일), 4월은 30일까지 있습니다.

정답 및 해설 **19**

⑫ 요일 없는 달력

태경이 동생 태돌이가 달력에 물감을 쏟아서 달력의 일부만 보입니다.

8월

월	화		금
5	6	7	2
			10

다행히 일부는 보이네. 이 정도면 문제 없어!

태경이가 수첩에 정리해 놓은 8월의 일정입니다. 각 일정이 무슨 요일인지 구하시오.

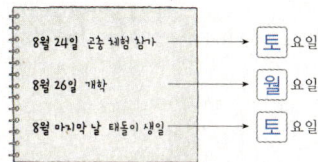

8월 24일 곤충 체험 갔다 → 토 요일

8월 26일 개학 → 월 요일

8월 마지막 날 태돌이 생일 → 토 요일

8월의 토요일은 3, 10, 17, 24, 31일입니다.
8월의 월요일은 5, 12, 19, 26일입니다.

태경이네 동네의 도서관은 첫째, 셋째 일요일에 문을 닫습니다. 태경이가 일요일에 도서관을 갈 수 있는 날짜를 모두 쓰시오. **11일, 25일**

8월의 일요일은 4, 11, 18, 25일이고, 그 중 도서관에 갈 수 있는 날짜는 11일, 25일입니다.

어느 해의 4월 달력의 일부가 찢어졌습니다. 날짜가 없는 빈 곳에 날짜를 모두 채우시오.

4월

일	월	화	수	목	금	토
					1	2	3
4	5	6	7		9	10
11	12	13				17
18					23	24
25					30	

노크 포인트

요일을 하루만 알아도 한 달의 요일을 모두 알 수 있습니다.
• 7월 5일이 토요일인 달력

7월

일	월	화	수	목	금	토
						5

7월

일	월	화	수	목	금	토
	1	2	3	4	5	
					12	+7
					19	+7
					26	+7
27	28	29	30	31		

요일이 없는 달력을 이용하면 조건에 맞게 달력을 완성하기가 쉽습니다.
• 수요일과 금요일이 5번씩 있는 달력

수	목	금	토	일	월	화
1	2	3	4	5	6	7
8	9	10	11	12	13	14
15	16	17	18	19	20	21
22	23	24	25	26	27	28
29	30	31				

🐻 요일 없는 달력 완성하기

다음 달력을 관찰하여 봅시다.

12월

일	월	화	수	목	금	토
						1	2
3	4	5	6	7	8	9
10	11	12	13	14	15	16
17	18	19	20	21	22	23
24/31	25	26	27	28	29	30

❶ 월요일인 날짜의 합을 구하시오. **58**
4+11+18+25=58

❷ 화요일인 날짜의 합은 얼마입니까? **62**
5+12+19+26=62

❸ 화요일인 날짜의 합은 월요일인 날짜의 합보다 얼마가 더 큽니까? **4**
62−58=4

❹ 짝수인 날짜가 3번 있는 요일은 무엇입니까? **토요일**
짝수인 날짜가 3번 있는 줄은 2, 9, 16, 23, 30일로 토요일입니다.

❺ 홀수인 날짜가 3번 있는 요일을 모두 쓰시오. **금요일, 일요일**
홀수인 날짜가 3번 있는 줄은 1, 8, 15, 22, 29일로 금요일,
3, 10, 17, 24, 31일로 일요일입니다.

[요일 없는 달력]

1 다음은 날짜만 있고 요일이 없는 달력입니다. 선생님의 말씀을 보고 이달의 20일은 무슨 요일인지 구하시오. **월요일**

수	목	금	토	일	월	화
1	2	3	4	5	6	7
8	9	10	11	12	13	14
15	16	17	18	19	20	21
22	23	24	25	26	27	28
29	30					

이번 달 수요일에는 홀수인 날짜가 3번 있어.

홀수인 날짜가 3번 있는 줄은 1, 8, 15, 22, 29일입니다.

[화요일 날짜의 합]

2 어느 해 2월의 화요일 날짜를 모두 더하면 58입니다. 이 달의 셋째 토요일의 날짜를 구하시오. **2월 15일**

2월

토	일	월	화	수	목	금
1	2	3	4	5	6	7
8	9	10	11	12	13	14
15	16	17	18	19	20	21
22	23	24	25	26	27	28

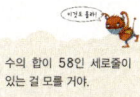
수의 합이 58인 세로줄이 있는 걸 모를 거야.

왼쪽부터 세로줄의 합이 46, 50, 54, 58, 62, 66, 70입니다.

조건에 맞는 달력

요일 없는 달력을 이용하면 여러 가지 달력 문제를 해결할 수 있습니다.

❶ 올해의 12월에는 화요일과 토요일이 각각 4번씩 있습니다. 다음 중 올해 12월 달력을 찾고 크리스마스가 무슨 요일인지 구하시오. **라, 토요일**

가
토	일	월	화	수	목	금
1	2	3	4	5	6	7
8	9	10	11	12	13	14
15	16	17	18	19	20	21
22	23	24	25	26	27	28
29	30	31				

나
금	토	일	월	화	수	목
1	2	3	4	5	6	7
8	9	10	11	12	13	14
15	16	17	18	19	20	21
22	23	24	25	26	27	28
29	30	31				

다
목	금	토	일	월	화	수
1	2	3	4	5	6	7
8	9	10	11	12	13	14
15	16	17	18	19	20	21
22	23	24	25	26	27	28
29	30	31				

라
수	목	금	토	일	월	화
1	2	3	4	5	6	7
8	9	10	11	12	13	14
15	16	17	18	19	20	21
22	23	24	25	26	27	28
29	30	31				

❷ 첫째 수요일과 마지막 수요일의 날짜의 합이 33입니다. 6월의 달력을 완성해 보시오.

6+27=33

6월
금	토	일	월	화	수	목
	1	2	3	4	5	6
7	8	9	10	11	12	13
14	15	16	17	18	19	20
21	22	23	24	25	26	27
28	29	30				

---

1 [외식하는 날]
초이네 가족은 4월 첫째 토요일에 외식을 하기로 하였습니다. 4월에는 첫째 월요일과 마지막 월요일의 날짜의 합이 31입니다. 4월 달력을 완성하고 외식을 하는 날짜를 구하시오. **4월 3일**

4월
목	금	토	일	월	화	수
1	2	3	4	5	6	7
8	9	10	11	12	13	14
15	16	17	18	19	20	21
22	23	24	25	26	27	28
29	30					

4월은 30일까지이므로 먼저 1부터 30까지 날짜를 쓴 다음 조건에 맞는 요일을 찾습니다. 5+26=31이므로 5가 있는 세로줄 위부터 차례로 요일을 씁니다.

2 [여행 가는 요일]
아인이네 가족은 7월 28일에 여행을 가기로 하였습니다. 7월 둘째 목요일과 둘째 금요일의 합이 19일 때, 7월 달력을 완성하고 여행을 가는 요일을 구하시오. **화요일**

7월
수	목	금	토	일	월	화
1	2	3	4	5	6	7
8	9	10	11	12	13	14
15	16	17	18	19	20	21
22	23	24	25	26	27	28
29	30	31				

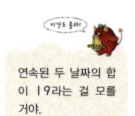
연속된 두 날짜의 합이 19라는 걸 모를 거야.

연속된 두 수의 합이 19인 경우는 9, 10입니다.

창의적 문제해결력

▶ 동영상 특강
QR 코드를 찍어 보세요!

1 초이네 모둠 8명이 1일부터 31일까지의 날짜가 적힌 종이를 하나씩 뽑았습니다. 같은 요일인 날짜를 뽑은 사람들끼리 짝을 이루어 청소 당번을 정하려고 합니다. 청소를 혼자 해야 하는 사람의 이름을 쓰시오. **민지**

29일	5일	22일	10일
초이	지오	태경	아인

24일	20일	8일	26일
수연	민지	승현	범상

7일마다 같은 요일이 돌아오므로 초이, 태경이, 승현이가 같은 요일, 지오, 범상이가 같은 요일, 아인이, 수연이가 같은 요일입니다. 민지만 다른 요일입니다.

2 1년은 365일이고, 365일은 52주 1일입니다. 2004년 3월 17일이 수요일일 때 2007년 3월 17일은 무슨 요일인지 구하시오. **토요일**

일주일마다 같은 요일이 반복되는데 1년은 52주보다
하루가 더 많으므로 1년이 지나면 요일이 하루씩 미뤄집니다.
2004년 3월 17일 ➡ 수요일
2005년 3월 17일 ➡ 목요일
2006년 3월 17일 ➡ 금요일
2007년 3월 17일 ➡ 토요일

3 6월 6일은 현충일입니다. 태경이의 생일은 현충일로부터 50일 후이고, 아인이의 생일은 태경이의 생일의 21일 전입니다. 아인이의 생일 날짜와 요일을 구하시오. **7월 5일 일요일**

6월
일	월	화	수	목	금	토
		1	2	3	4	5
6	7	8	9	10	11	12
13	14	15	16	17	18	19
20	21	22	23	24	25	26
27	28	29	30			

아인이의 생일은 현충일로부터 29일 후입니다.
6월 6일 토요일 $\xrightarrow{+29일}$ 7월 5일 일요일

4 다음 조건에 맞게 달력을 완성하고 이 해의 7월 31일은 무슨 요일인지 구하시오. **금요일**

조건
8월의 첫째 금요일과 둘째 화요일의 날짜를 더하면 18입니다.

8월
토	일	월	화	수	목	금
1	2	3	4	5	6	7
8	9	10	11	12	13	14
15	16	17	18	19	20	21
22	23	24	25	26	27	28
29	30	31				

둘째 화요일은 첫째 금요일보다 4일 뒤에 있습니다. 따라서 조건을 만족하는 두 수는 7과 11입니다.

MEMO

MEMO

MEMO

정답및 해설

측정

B2

(9~10세)

누구나 쉽고 재미있게
사고력
수학
누그

준비물 나무 막대   32쪽에 사용하세요.

준비물 나무 막대   34쪽에 사용하세요.

준비물 나무 막대   36쪽에 사용하세요.

준비물 오래된 자   39쪽에 사용하세요.